마스터 불규칙 영단어

마스터 불규칙 영단어

초판 1쇄 인쇄 2011년 06월 17일
초판 1쇄 발행 2011년 06월 24일

지은이 | 박상욱
펴낸이 | 손형국
펴낸곳 | (주)에세이퍼블리싱
출판등록 | 2004. 12. 1(제315-2008-022호)
주소 | 서울특별시 강서구 방화3동 316-3번지 한국계량계측협동조합회관 102호
홈페이지 | www.book.co.kr
전화번호 | (02)3159-9638~40
팩스 | (02)3159-9637

ISBN 978-89-6023-621-9 03740

이 책의 판권은 지은이와 (주)에세이퍼블리싱에 있습니다.
내용의 일부와 전부를 무단 전재하거나 복제를 금합니다.

불규칙 변화 동사를 완전 분석한

박상욱 저

Master Irregular Verb
English Vocabulary

머리말

날개를 활짝 펼치고
광활한 하늘을 날아가는 독수리처럼
끊임없이 자신을 Benchmarking(벤치마킹)하는
여러분들이 되길 바랍니다.

2011년 6월 6일
도봉산 기슭에서

차례

머리말 ---------------------------- 4

- **A** ---------------------------- 6
- **B** ---------------------------- 12
- **C** ---------------------------- 40
- **D** ---------------------------- 54
- **E** ---------------------------- 66
- **F** ---------------------------- 70
- **G** ---------------------------- 89
- **H** ---------------------------- 98
- **K** ---------------------------- 107
- **L** ---------------------------- 111
- **M** ---------------------------- 123
- **O** ---------------------------- 130
- **P** ---------------------------- 131
- **Q** ---------------------------- 135
- **R** ---------------------------- 136
- **S** ---------------------------- 150
- **T** ---------------------------- 211
- **U** ---------------------------- 220
- **W** ---------------------------- 226

에필로그 ---------------------- 245

arise
[əráiz]
생기다, 발생하다

현재 present	과거 simple past	과거분사 past participle(p.p.)
arise	arose	arisen
[어라이즈]	[어로우즈]	[어리즌]
(문제가) 발생한다	(문제가) 발생했다	(문제가) 발생해 왔다

*arisen의 발음이 [어라이즌]이 아님에 유의할 것.

Example Sentence

현재(present)

A serious problem **arises** suddenly.
심각한 문제는 갑자기 발생한다.

- 3인칭 단수 현재이므로 arise 뒤에 s를 붙인다.
- serious [síriəs, 시리어스] : 심각한, 중대한, 진지한
- suddenly [sʌ́dnli, 서든리] : 갑자기, 불시에, 졸지에, 돌연

과거(simple past)

A serious problem **arose** yesterday.
심각한 문제가 어제 발생했다.

과거분사(past participle)

A serious problem **has arisen** at school.
심각한 문제가 학교에서 발생한 적이 있다. → 경험

A serious problem **has arisen** since last year.
심각한 문제가 작년부터 발생해 왔다. → 계속

- 현재 완료는 **완료, 결과, 경험, 계속**의 4가지 용법으로 사용된다.

A

awake
[əwéik]
(잠에서) 깨다, (감정이) 일다

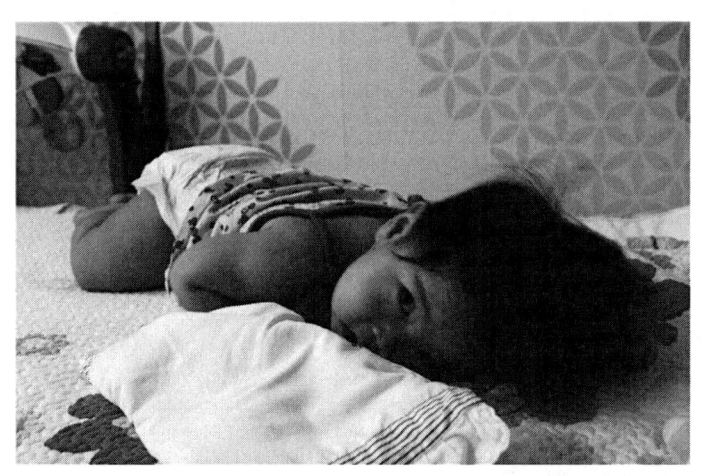

현재 present	과거 simple past	과거분사 past participle(p.p.)
awake	awoke	awoken
[어웨이크]	[어워크]	[어워큰]
(잠에서) 깼다, 깬다	(잠에서) 깨었다, 깼었다	(잠에서) 깨어온

*awoke의 발음이 [어우크]가 아님에 유의할 것.

Example Sentence

현재(present)

Every morning, when I **awake**, I give thanks for being alive.
매일 아침,
잠에서 깨어나면(깨면),
난 살아있다는 사실(것)에 고마움을 느낀다.

과거(simple past)

I **awoke** from a deep sleep.
나는 깊은 잠에서 깨어났다(깨었다).

과거분사(past participle)

She **was awoken** by the sound of a child crying.
그녀는 아기 울음소리를 듣고 (아기 울음소리에 의해서)
잠에서 깼다. → 수동태

· be 동사를 앞에 쓰면 **현재 완료**가 아닌 **수동태(당하는 입장)**가 된다.

쉬어가는 페이지

발음 기호와 실제 발음

나이가 50대 이상인 사람들은 중고교 시절에 원어민과의 대화는 고사하고, 라디오나 카세트 녹음기로도 영어를 제대로 들어볼 기회가 없었다. 그때는 오직 학교 영어선생님의 영어발음과 사전의 [발음기호]에 의지하여 영어발음을 익혀야 했다.

그렇게 익힌 영어발음이 지금 누구나 일상생활 속에서 영어와 접하는 시대에 와보니, 대부분 실제 발음과는 다른 외계어 발음이더라는 것이다. 그 이유는 사전에 있는 [발음기호]로는 실제 발음의 90% 정도 밖에는 낼 수 없기 때문이다.

　게다가 이상하게도 50대 이상의 세대들은 영어 철자 'a'는 '아'로, 'o'는 '오'로, 그리고 'e'는 '에'로 대응시키는 방식으로 공부를 했으므로, 단어에 따라 달라지는 영어모음들의 발음을 제대로 낼 수가 없었다.

　[발음기호]는 알면 좋지만, 몰라도 상관없다. **중요한 것은 영어 단어의 실제로 나는 발음을 익히는 것이다.** 그러려면 제일 좋은 방법은 역시 원어민의 실제발음을 들으며 익히는 것이다.

　또 요즘에는 인터넷 사전에도 발음이 제공되므로 많이 이용하라고 추천할 수 있겠고, CNN이나 ABC 뉴스 등 많은 듣기자료를 무료로 이용할 수 있으니, 부지런히 구해서 듣고 발음이 어려운 단어는 따로 '전자사전'이나 '인터넷 사전'에서 발음을 몇 번이고 반복해서 들으며 익히면 된다.

be
[bi]
~이다, ~있다, 존재한다

현재 present	과거 simple past	과거분사 past participle(p.p.)
be (am, is, are)	was, were	been
[비] ([앰] [이즈] [아])	[워즈] [워어]	[빈]
존재한다, 있다	존재했다, 있었다	존재해 왔다, 있어왔다

bear
[bɛər]
~를 낳다, 부담하다

현재 present	과거 simple past	과거분사 past participle(p.p.)
bear	**bore**	**born**
[베어]	[보어]	[보온]
(아기를) 낳는다	(아기를) 낳았다	(아기를) 낳아왔다

*be born은 '태어나다, 탄생하다, 태생이다'의 뜻

beat
[bit]
(사람을) 때리다, (북을) 울리다

현재 present	과거 simple past	과거분사 past participle(p.p.)
beat	beat	beaten
[비트]	[비트]	[비튼]
(사람을) 때린다	(사람을) 때렸다	(사람을) 때려온, 때려왔다

*beaten의 발음이 [비턴]이 아님에 유의할 것

Example Sentence

현재(present)

She **beats** him sometimes.
그녀는 가끔 그를 때린다.

- 3인칭 현재 단수이기 때문에 beat에 s가 추가되었다.
  과거라면 She beat him(그녀는 그를 때렸다)으로 바뀌어야 한다.
- sometimes [sʌ́mtàimz, 섬타임즈] : 가끔씩, 때때로, 이따금, 종종

과거(simple past)

She **beat** him yesterday.
그녀는 어제 그를 때렸다.

과거분사(past participle)

She **has beaten** him at school.
그녀는 학교에서 그를 때린 적이 있다. → 경험

She **has beaten** him since then.
그녀는 그때부터 그를 때려왔다. → 계속

- have 동사를 앞에 붙이면 현재완료가 되고,
  be 동사를 앞에 붙이면 수동태가 된다.
- 현재 완료는 **완료, 결과, 경험, 계속**의 4가지 용법으로 사용된다.

become
[bikʌ́m]
~이 되다, ~해지다

현재 present	과거 simple past	과거분사 past participle(p.p.)
become	**became**	**become**
[비컴]	[비케임]	[비컴]
(여왕이) 된다	(여왕이) 되었다	(여왕이) 되어온

*become은 수동태(受動態)나 진행형(進行形)으로는 쓰이지 않는다.

Example Sentence

현재(present)

I **become** a merchant today.
나는 오늘 무역상이 된다.

· merchant [mə́ːrtʃənt, 머천트] : 무역상(貿易商), 도매상, 소매상, 상인(商人)

과거(simple past)

I **became** a merchant last year.
나는 작년에 무역상이 되었다.

과거분사(past participle)

I **have become** a merchant since last year.
나는 작년부터 무역상이 되어왔다. → 계속

begin
[bigín]

시작하다, 출발하다

현재 present	과거 simple past	과거분사 past participle(p.p.)
begin	**began**	**begun**
[비긴]	[비갠]	[비건]
시작한다	시작했다	시작해온

*begun의 발음이 [비군]이 아님에 유의할 것

Example Sentence

현재(present)

We **begin** school today.
우리는 오늘 수업을 시작한다.

· school [스쿨] : 학교, 수업, 학위, 과목, 유파(流波)

과거(simple past)

We **began** school the day before yesterday.
우리는 그저께 수업을 시작했다.

· 그저께(어제의 전날) : (the) day before yesterday.

과거분사(past participle)

We **have begun** school at hotel.
우리는 호텔에서 수업을 한 적이 있다. → 경험

We **have begun** school since last year.
우리는 작년부터 수업을 시작해왔다. → 계속

bend
[bend]
구부리다, 휘어지다

현재 present	과거 simple past	과거분사 past participle(p.p.)
bend	**bent**	**bent**
[벤드]	[벤트]	[벤트]
(철사를) 구부린다	(철사를) 구부렸다	(철사가) 구부러져 있는

*bend가 명사로는 '굽이, 굽은 곳'으로 쓰인다.

bid
[bid]
값을 부르다, 입찰하다

현재 present	과거 simple past	과거분사 past participle(p.p.)
bid	bid	bid
[비드]	[비드]	[비드]
(경매에) 입찰한다	(경매에) 입찰했다	(경매에) 입찰해 왔다

bid
[bid]
명령하다, 작별을 고하다

현재 present	과거 simple past	과거분사 past participle(p.p.)
bid	bad, bade	bidden
[비드]	[배드] [베이드]	[비든]
(가까이 오라고) 명령한다	(가까이 오라고) 명령했다	(가까이 오라고) 명령해 왔다

*bid의 과거에 대해 유의해서 볼 것
(bad 보다는 bade가 더 많이 사용된다)

bind
[baind]
휘다, 묶다, 매다

현재 present	과거 simple past	과거분사 past participle(p.p.)
bind	**bound**	**bound**
[바인드]	[바운드]	[바운드]
(손발을) 묶는다	(손발을) 묶었다	(손발이) 묶인, 묶여 있는

bite
[bait]
물다, 베어물다

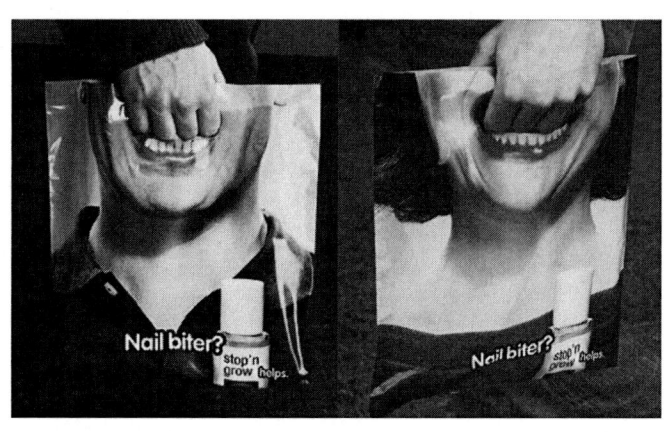

현재 present	과거 simple past	과거분사 past participle(p.p.)
bite	bit	bitten
[바이트]	[비트]	[비튼]
(이빨로) 깨문다	(이빨로) 깨물었다	(이빨로) 깨물어온

*bitten의 발음이 [비턴]이 아님에 유의할 것

bleed
[bliːd]
출혈하다, 피를 흘린다

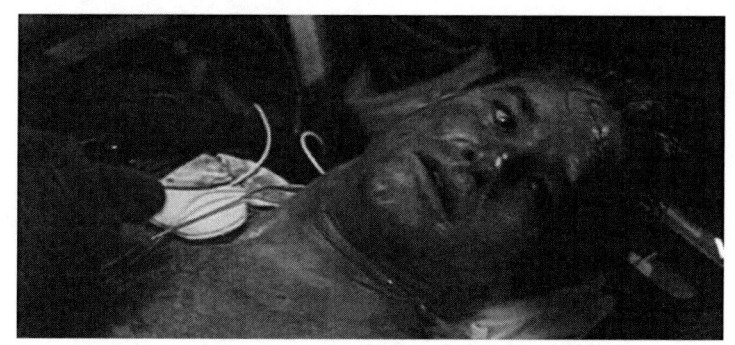

현재 present	과거 simple past	과거분사 past participle(p.p.)
bleed	**bled**	**bled**
[블리드]	[블레드]	[블레드]
(피를) 흘린다	(피를) 흘렸다	(피가) 흘려진

blow

[blou]
(입으로) 불다, (바람에) 날리다

현재 present	과거 simple past	과거분사 past participle(p.p.)
blow	**blew**	**blown**
[블로우]	[블루]	[블로운]
(입으로) 분다	(입으로) 불었다	(입으로) 불어온

*blew의 발음이 [블러]나 [블레]가 아님에 유의할 것

bound
[baund]
(공이) 튀다, 뛰어가다

현재 present	과거 simple past	과거분사 past participle(p.p.)
bound	**bounded**	**bounded**
[바운드]	[바운디드]	[바운디드]
(물방울이) 튄다	(물방울이) 튀었다	(물방울이) 튀어져 있는

break
[breik]
깨지다, 부러지다

현재 present	과거 simple past	과거분사 past participle(p.p.)
break	**broke**	**broken**
[브레이크]	[브로우크(美), 브러우크(英)]	[브로우컨(美), 브러우컨(英)]
(유리창이) 깨진다	(유리창이) 깨졌다	(유리창이) 깨진, 깨져 있는

bring
[brɪŋ]
가져오다, 데려오다

현재 present	과거 simple past	과거분사 past participle(p.p.)
bring	**brought**	**brought**
[브링]	[브로트]	[브로트]
(사람을) 데려온다	(사람을) 데려왔다	(사람을) 데려왔었다

*brought의 발음이 [브로우트]가 아님에 유의할 것

build
[bild]
(건물을) 짓다, 건설하다

현재 present	과거 simple past	과거분사 past participle(p.p.)
build	built	built
[빌드]	[빌트]	[빌트]
(건물을) 짓는다	(건물을) 지었다	(건물이) 지어진, 지어있는

burn
[bəːrn]
(불이) 타오르다, (불에) 태우다

현재 present	과거 simple past	과거분사 past participle(p.p.)
burn	burned, burnt	burned, burnt
[번]	[번드] [번트]	[번드] [번트]
(낙엽을) 태운다	(낙엽을) 태웠다	(낙엽이) 태워진

burst
[bəːrst]
터지다, 터뜨리다

현재 present	과거 simple past	과거분사 past participle(p.p.)
burst	**burst**	**burst**
[버스트]	[버스트]	[버스트]
(풍선이) 터진다	(풍선이) 터졌다	(풍선이) 터진, 터져있는

buy
[bai]
(물건을) 사다, 구입하다

현재 present	과거 simple past	과거분사 past participle(p.p.)
buy	bought	bought
[바이]	[보트]	[보트]
(외투를) 구입한다	(외투를) 구입했다	(외투를) 구입해 왔다

*bought의 발음이 [보우트]가 아님에 유의할 것

B

쉬어가는 페이지

쉽게 이용할 수 있는
컴퓨터 영어사전

1. 네이버

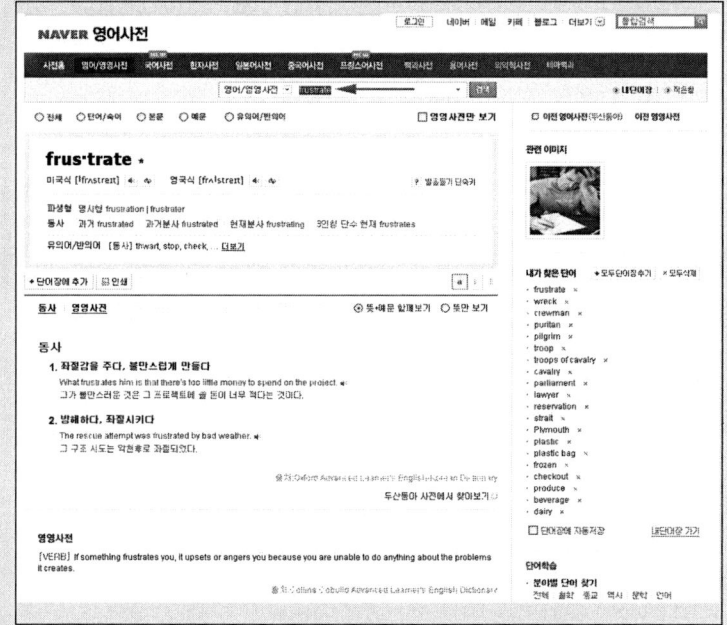

'네이버(www.naver.com)' 사이트에 들어가, '영어사전'을 검색하면 '네이버 영어사전'으로 들어갈 수 있다. 단어를 타이핑하면 '뜻'과 '발음기호', '예문' 등을 볼 수 있다.
 또한 '미국식'과 '영국식'으로 된 발음도 선택하여 들을 수 있다.

필자의 경험으로는 '컴퓨터/인터넷 영어사전' 모두를 합쳐, 가장 탁월한 기능을 가졌다고 생각한다.

※ '마스터 쏙쏙 영단어'는 주로 네이버 영어사전을 바탕으로 하여 제작되었다. 또한 한글 발음기호도 네이버 영어사전의 음성발음을 수없이 듣고, 가장 무난하다고 생각하는 발음으로 적었음을 밝힌다.

2. 다음

'다음(www.daun.net)' 사이트에 들어가, '영어사전'을 검색하면 '다음 영어사전'으로 들어갈 수 있다.

단어를 타이핑하면 '뜻'과 '발음기호', '예문' 등을 볼 수 있다. 또한 미국식과 영국식으로 된 발음도 선택하여 들을 수 있다.

3. 네이트

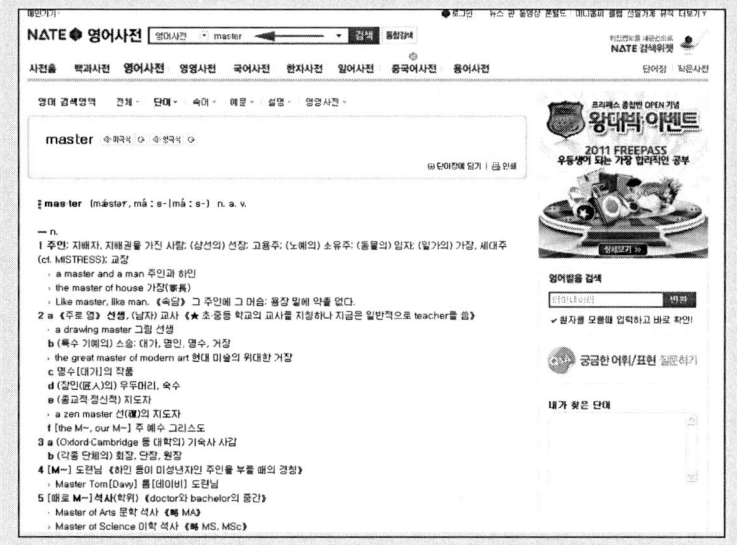

　'네이트(www.nate.com)' 사이트에 들어가, '영어사전'을 검색하면 '네이트 영어사전'으로 들어갈 수 있다.
　단어를 타이핑하면 '뜻'과 '발음기호', '예문' 등을 볼 수 있다. 또한 미국식과 영국식으로 된 발음도 선택하여 들을 수 있다.

4. 야후

'야후(www.yahoo.co.kr)' 사이트에 들어가, '영어사전'을 검색하면 '야후 영어사전'으로 들어갈 수 있다.

단어를 타이핑하면 '뜻'과 '발음기호', '예문' 등을 볼 수 있다. 발음은 한 개의 발음(주로 영국식)만을 들을 수 있다.

5. 구글

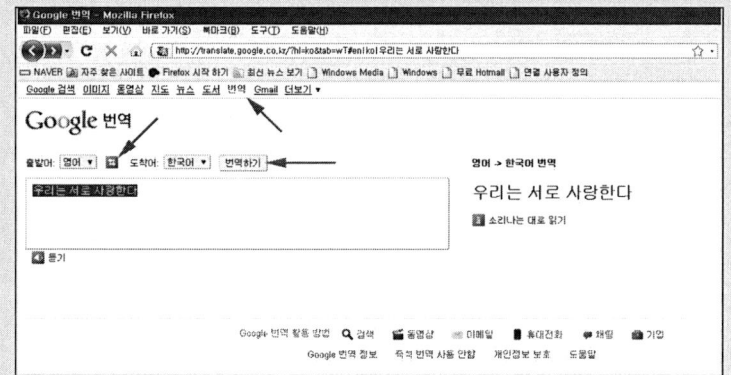

'구글(www.google.co.kr)' 사이트에 들어가, 상단부의 '번역'을 클릭한다.

구글 번역 사이트로 이동하면, 단어를 타이핑하면 여러 가지 '뜻'을 볼 수 있으나 예문 등 다른 내용은 볼 수 없다. 발음도 선택하여 들을 수 있으나, 발음기호는 볼 수 없다.

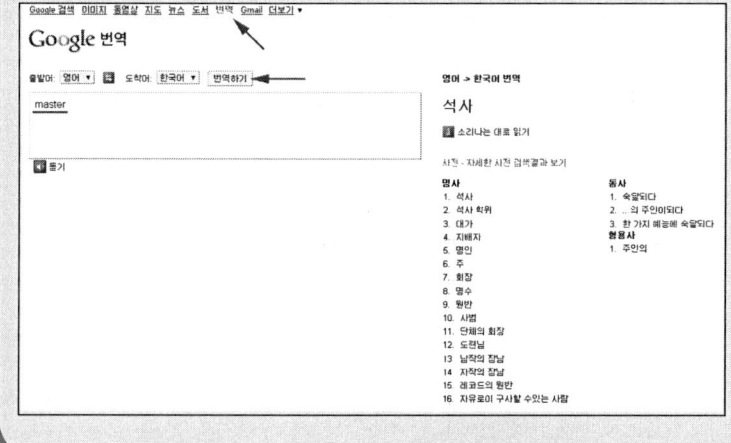

구글 사이트에서 단연 돋보이는 것은 바로 '문장 번역'이다.

한글 문장을 타이핑한 다음, 출발어를 한국어로(도착어를 영어로) 변경한 다음, '번역하기' 버튼을 클릭하면 오른쪽에 영어 문장이 나타나는 것을 볼 수 있다.

6. 흔글

흔글 프로그램에 들어있는 '한컴사전'을 설치한 다음, 실행하면 영한사전이나 한영사전 등을 사용할 수 있다.

단어를 타이핑하면 '뜻'과 '발음기호', '예문' 등을 볼 수 있다. 그러나 음성발음을 들을 수 없는 것이 가장 큰 단점(短點)이다. 그러나 속도면에서는 인터넷 영어사전보다 훨씬 빠르다.

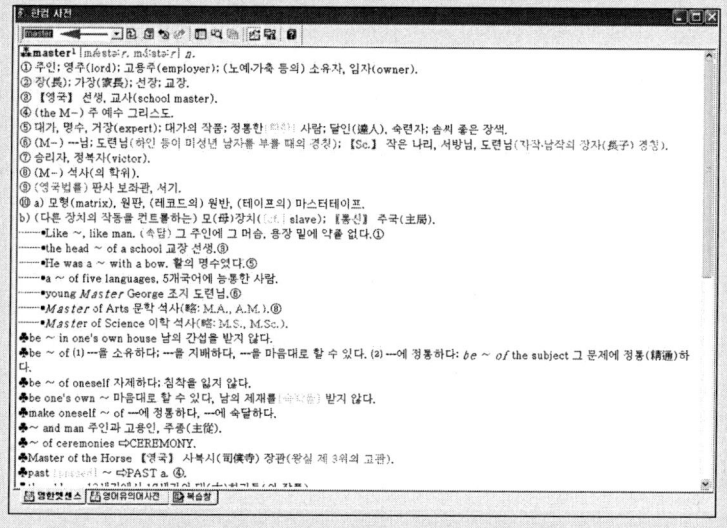

can
[kæn]
~할 수 있다, ~해도 좋다

현재 present	과거 simple past	과거분사 past participle(p.p.)
can	could	–
[캔]	[쿠드]	–
(번역을) 할 수 있다	(번역을) 할 수 있었다	–

cast
[kæst, kɑːst]
(공을) 던지다, (배역을) 맡기다

현재 present	과거 simple past	과거분사 past participle(p.p.)
cast	cast	cast
[캐스트(美), 카스트(英)]	[캐스트(美), 카스트(英)]	[캐스트(美), 카스트(英)]
(배역을) 맡긴다	(배역을) 맡겼다	(배역이) 맡겨진, (배역이) 맡겨져 있는

catch
[kætʃ]
(물건을) 잡다, (사람을) 붙잡다

현재 present	과거 simple past	과거분사 past participle(p.p.)
catch	caught	caught
[캐취]	[코트]	[코트]
(참치를) 잡는다	(참치를) 잡았다	(참치를) 잡아온, (참치를) 잡아왔다

*caught의 발음이 [코우트]가 아님에 유의할 것

choose
[tʃuːz]
선택하다, 결정하다

현재 present	과거 simple past	과거분사 past participle(p.p.)
choose	**chose**	**chosen**
[추즈]	[초우즈]	[초우즌]
선택한다, 선택된다	선택했다, 선택됐다	선택해 왔다, 선택돼 왔다

*chose의 발음이 [초즈]가 아님에 유의할 것

Example Sentence

현재(present)

Sarah **chooses** her words carefully.
사라는 말을 신중히 골라서 한다.

· 3인칭 단수 현재이므로 choose 뒤에 s를 붙인다.
· carefully [kέərfəli, 케어펄리] 주의하여, 조심스럽게, 신중히

과거(simple past)

Sarah **chose** her words carefully.
사라는 말을 신중히 골라서 했다.

과거분사(past participle)

Sarah **has chosen** her words carefully.
사라는 말을 신중히 골라서 해왔다. → 계속

One hundred people **were chosen** for the study.
그 연구를 위해서 100명의 사람들이 뽑혔다.
(100명의 사람들이 그 연구를 위해 뽑혔다.) → 수동태

· be 동사를 앞에 쓰면 **현재 완료**가 아닌 **수동태(당하는 입장)**가 된다.

cleave

[kliːv]

쪼개다, 둘로 가르다

현재 present	과거 simple past	과거분사 past participle(p.p.)
cleave	cleaved, cleft, clove	cleaved, cleft, cloven
[클리브]	[클리브드] [클레프트] [클로우브]	[클리브드] [클레프트] [클로우번]
(여러 개로) 쪼갠다	(여러 개로) 쪼갰다	(여러 개로) 쪼갠 적이 있다

cling
[klɪŋ]
달라붙다, 매달리다

현재 present	과거 simple past	과거분사 past participle(p.p.)
cling	**clung**	**clung**
[클링]	[클렁]	[클렁]
(뗏목에) 매달린다	(뗏목에) 매달렸다	(뗏목에) 매달려진

come

[kʌm]

(~쪽으로) 오다, (어떤 일이) 찾아오다

현재 present	과거 simple past	과거분사 past participle(p.p.)
come	came	come
[컴]	[케임]	[컴]
(학생이) 온다	(학생이) 왔다	(학생이) 왔었다

cost
[kɔːst, kɔst]
비용이 들다

현재 present	과거 simple past	과거분사 past participle(p.p.)
cost	cost	cost
[코스트]	[코스트]	[코스트]
비용이 든다	비용이 들었다	비용이 들어왔다

*cost의 과거는 '한번만' 비용이 든 것이고
 cost의 과거 분사는 '여러 번' 비용이 들어간 것이다.

cost
[kɔːst, kɔst]
원가를 산출하다

현재 present	과거 simple past	과거분사 past participle(p.p.)
cost	costed	costed
[코스트]	[코스티드]	[코스티드]
원가를 산출한다	원가를 산출했다	원가를 산출해 왔다

*cost는 본래 자동사이므로, 수동태로는 되지 않는다.

cut
[kʌt]
베다, 자르다, (비용을) 줄이다

현재 present	과거 simple past	과거분사 past participle(p.p.)
cut	cut	cut
[커트]	[커트]	[커트]
(비용을) 줄인다	(비용을) 줄였다	(비용을) 줄여왔다

Example Sentence

현재(present)

The Knife **cuts** well.
그 칼은 잘 든다.

- 3인칭 단수 현재이므로 cut 뒤에 s를 붙인다.

과거(simple past)

I **cut** my finger with a knife sometimes.
나는 때때로 칼에 손가락을 베인다. → 현재

I **cut** my finger with a knife.
나는 칼에 손가락이 베였다. → 과거

- 현재와 과거 동사가 동일하고, 동사 뒤에 s가 붙지 않으므로(1인칭) 현재와 과거를 문맥에 의해서 판단해야 한다.

과거분사(past participle)

I **have cut** my finger with a knife at home.
나는 집에서 칼에 손가락을 베인 적이 있다. → 경험

My finger **was cut** with a knife yesterday.
내 손가락이 어제 칼에 베였다. → 수동태

- be 동사를 앞에 쓰면 **현재 완료**가 아닌 **수동태(당하는 입장)**가 된다.

쉬어가는 페이지

불규칙 동사에 대해서

영어는 독일어, 불어, 스페인어 등의 영향을 받아 오늘날의 영어가 된 것이다. 때문에 그러한 나라의 언어적 특성을 가지고 있다. 이중 하나가 '시제에 따른 동사의 변화'이다.

대부분 ed를 붙여 과거나 과거 분사를 만드나, 위에 말한 나라들의 언어의 특성이 남아있는 것들은 아직도 run, ran과 같은 방식으로 사용한다.

불규칙적으로 변한다 하여 '불규칙 변화 동사'라 한다. 불규칙 변화하는 동사는 그렇게 많지는 않다. 나오는 대로 암기할 수밖에 없다.

그럼, 이처럼 불규칙 변화하는 동사를 규칙변화하는 동사처럼 사용하면 안 되는가? 물론 안 된다.

언어는 하나의 사회적인 약속이다.

영어를 사용하는 나라 사람들이 그들이 사용하는 언어의 맞춤법을 정해, 이에 맞추어 사용하기로 약속한 것을 우리 마음대로 바꾸어 말하면, 의사소통이 안 된다.

우리말도 맞춤법이 있는데, 영어도 마찬가지다.

deal
[diːl]
다루다, 거래하다

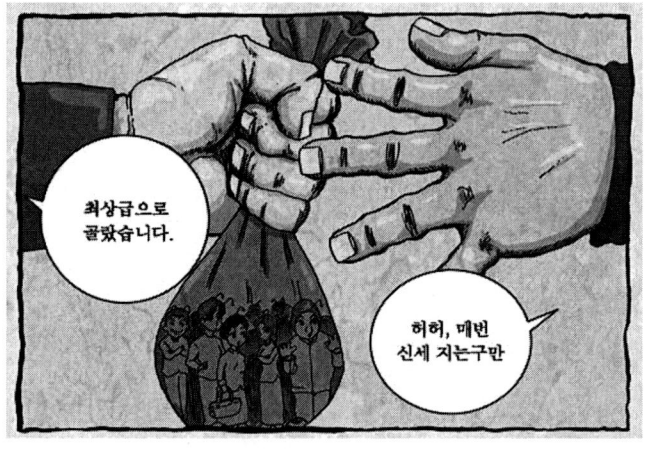

현재 present	과거 simple past	과거분사 past participle(p.p.)
deal	**dealt**	**dealt**
[딜]	[델트]	[델트]
다룬다	다뤘다	다루어 왔다

*dealt의 발음이 [딜트]가 아님에 유의할 것

dig
[dig]
(구멍을) 파다, (땅에서) 캐다

현재 present	과거 simple past	과거분사 past participle(p.p.)
dig	dug	dug
[디그]	[더그]	[더그]
(땅에서) 파낸다	(땅에서) 파냈다	(땅에서) 파낸 적이 있다

do
[duː]
(동작을) 하다, ~이 되어가다

현재 present	과거 simple past	과거분사 past participle(p.p.)
do(does)	did	done
[두(더즈)]	[디드]	[던]
(필요한 일을) 처리한다	(필요한 일을) 처리했다	(필요한 일을) 처리해 왔다

*done의 발음이 [돈]이 아님에 유의할 것

Example Sentence

be done (with) : 다 끝난, 다 된, 완료된

When you're done, perhaps I can say something.
네가 다 끝마치게 되면, 아마 내가 무슨 말을 해 줄 수 있을 거야.

I'll be glad when this job is over and done with.
이 일이 다 끝나서 완료되면 기쁘겠다.

감탄사 done

좋아(요) : 상대방의 제의를 받아들임을 나타낼 때 씀.
"I'll give you £800 for it."
"그 값으로 800파운드를 드리겠어요."

"Done!"
"좋아요!"

draw
[drɔː]
그리다, 끌어당기다

현재 present	과거 simple past	과거분사 past participle(p.p.)
draw	**drew**	**drawn**
[드로]	[드루]	[드론]
(펜으로) 그린다	(펜으로) 그렸다	(펜으로) 그려온, 그려왔다

*drew의 발음이 [드러]나 [드레]가 아님에 유의할 것

Example Sentence

현재(present)

He **draws** the cork out of the bottle.
그가 그 병의 코르크 마개를 뽑는다.

- 3인칭 단수 현재이므로 draw 뒤에 s를 붙인다.
- cork [kɔːrk, 코르크] 코르크 마개, 코르크 부표(浮標)

과거(simple past)

He **drew** the cork out of the bottle.
그가 그 병의 코르크 마개를 뽑았다.

과거분사(past participle)

He **has drawn** the cork out of the bottle.
그가 그 병의 코르크 마개를 뽑은 적이 있다. → 경험

Animal pictures **were drawn** on the board.
동물 그림들이 판자에 그려져 있었다. → 수동태

- be 동사를 앞에 쓰면 **현재 완료**가 아닌 **수동태(당하는 입장)**가 된다.

dream
[driːm]
꿈을 꾸다, (바라던 일을) 상상하다

현재 present	과거 simple past	과거분사 past participle(p.p.)
dream	**dreamed, dreamt**	**dreamed, dreamt**
[드림]	[드림드] [드렘트]	[드림드] [드렘트]
(작가가 되는) 꿈을 꾼다	(작가가 되는) 꿈을 꾸었다	(작가가 되는) 꿈을 꾸어왔다

*dreamt의 발음이 [드림트]가 아님에 유의할 것

drink
[drɪŋk]
(음료를) 마시다, (수분을) 흡수하다

현재 present	과거 simple past	과거분사 past participle(p.p.)
drink	**drank**	**drunk**
[드링크]	[드랭크]	[드렁크]
(위스키를) 마신다	(위스키를) 마셨다	(위스키를) 마셔왔다

*drank의 발음이 [드랑크]가 아님에 유의할 것

drive
[draiv]
(차량을) 몰다, 태워다 주다

현재 present	과거 simple past	과거분사 past participle(p.p.)
drive	drove	driven
[드라이브]	[드로우브]	[드리븐]
(트럭을) 운전한다	(트럭을) 운전했다	(트럭을) 운전해 왔다

*driven의 발음이 [드라이븐]이 아님에 유의할 것

D

Example Sentence

현재(present)

The waves **drive** against the shore.
파도가 해안으로 거세게 밀려온다.

· shore [ʃɔːr, 쇼어] 바닷가, 해안(지방), 해변, 기슭

과거(simple past)

The waves **drove** against the shore.
파도가 해안으로 거세게 밀려왔다.

과거분사(past participle)

The waves **has driven** against the shore.
파도가 해안으로 거세게 밀려온 적이 있다. → 경험

Police say the car **was driven** recklessly.
경찰에 따르면, 자동차를 무모하게 몰았다고 한다.
(경찰에 따르면, 자동차가 무모하게 몰아졌다고 한다.) → 수동태

· reckless [réklis, 레클리스] 분별없는, 무모한, 개의치 않는

dwell
[dwel]
~에 살다, ~에 거주하다

현재 present	과거 simple past	과거분사 past participle(p.p.)
dwell	**dwelt, dwelled**	**dwelt, dwelled**
[드웰]	[드웰트] [드웰드]	[드웰트] [드웰드]
(미국에) 거주한다	(미국에) 거주했다	(미국에) 거주해 왔다

쉬어가는 페이지

What have you done for me?

 영화 '레인 맨'을 보면 거부(巨富)였던 아버지가 자신에게는 고작 차 한대만 상속하고 나머지 모든 재산을 형에게 남기자, 동생은 '아버지는 지옥에 계실 것이다'라는 폭언을 하고, '도대체 아버지가 자신에게 해준 게 뭐 있냐'며 반문하는 장면이 나오는데, '네가 나한테 해준 게 뭐 있냐?'는 말은 What have you done for me?이다.

 여기서 done은 do의 과거분사형으로 '하였다' 내지는 '끝냈다'는 완료의 뜻이 있다. 그래서 Well done 하면 '잘했네요, 잘됐네요'의 뜻으로 사용되는 것을 종종 볼 수가 있다. 또한 Is it done?은 '그거 끝났어요?'라는 말이고 It's almost done은 '거의 끝나갑니다'이다.
 Do는 '행하다'의 뜻으로 본동사, 조동사, 대동사 등 세 가지 용법을 가지고 있으며, 변화형은 did와 done이다. 그런데 do는 간혹 '강조문'으로 사용되기도 해서, come again 대신에 Do come again! 하면 '꼭 다시 오십시오'로 강조의 의미가 있다.

eat
[iːt]
(음식을) 먹다, (식사를) 하다

현재 present	과거 simple past	과거분사 past participle(p.p.)
eat	**ate**	**eaten**
[이트]	[에이트]	[이튼]
(음식을) 먹는다	(음식을) 먹었다	(음식을) 먹어왔다

*ate와 eaten의 발음에 유의할 것

Example Sentence

현재(present)

He **eats** only vegetables now.
그는 지금 채소만 먹는다.

- 3인칭 단수 현재이므로 eat 뒤에 s를 붙인다.
- vegetable [vedʒtəbl, 베지터블] 채소, 야채, 단조롭게 사는 사람

과거(simple past)

He **ate** only vegetables yesterday.
그는 어제 채소만 먹었다.

과거분사(past participle)

He **has eaten** only vegetables for fifty years.
그는 50년 동안 채소만 먹어왔다. → 계속

One of the frogs **was eaten** by a lizard.
개구리들 중 한 마리는 도마뱀에게 잡아먹혔다. → 수동태

- frog [frɔːg, 프로그] 개구리
- lizard [lizərd, 리저드] 도마뱀

쉬어가는 페이지

흑인의, 흑인에 의한, 흑인을 위한 영화

'블랙스플로이테이션(blaxploitation)'이라는 장르가 있다. 1960년대 말부터 1970년대 말까지, 약 10년동안 쏟아졌던 이 장르의 영화들은 주로 마약/범죄/섹스 등 도시 뒷골목의 어두운 세계가 배경이며, 흑인 배우를 주인공으로 내세운다.

말 그대로 '흑인(black)'을 '착취(exploitation)'했던 이 장르가 등장한 것은 헐리우드의 불황이 그 배경이었다.

적은 예산으로 말초적 호기심을 자극하는 영화를 만들어야 하는 상황에서, 스튜디오는 개런티가 적은 흑인 배우에게 눈을 돌렸다. 게다가 이 영화들은 흑인 관객들도 대거 끌어들일 수 있었다.

fall
[fɔːl]
떨어지다, 내려오다

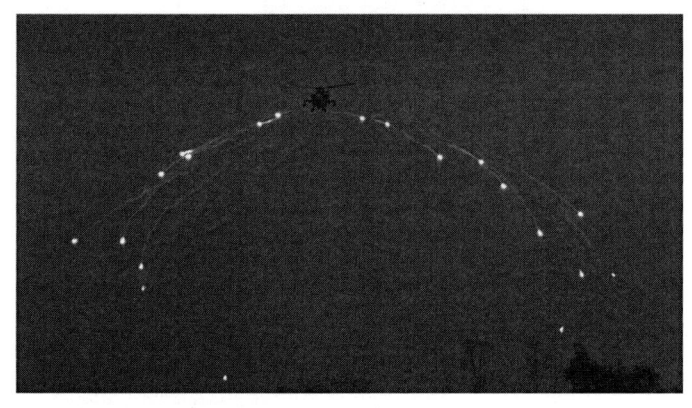

현재 present	과거 simple past	과거분사 past participle(p.p,)
fall	**fell**	**fallen**
[폴]	[펠]	[폴런]
(나뭇잎이) 떨어진다	(나뭇잎이) 떨어졌다	(나뭇잎이) 떨어져 왔다

*'넘어뜨리다, 쓰러뜨리다'라는 뜻을 가진
fell - felled - felled(규칙 동사)에 유의할 것

Example Sentence

현재(present)

Several of the books **fall** onto the floor.
그 책들 중 몇 권이 바닥에 떨어진다.

과거(simple past)

Several of the books **fell** onto the floor.
그 책들 중 몇 권이 바닥에 떨어졌다.

과거분사(past participle)

Several of the books **had fallen** onto the floor.
그 책들 중 몇 권이 바닥에 떨어졌었다. → 완료

feed

[fiːd]

먹이를 주다, 영양분을 주다

현재 present	과거 simple past	과거분사 past participle(p.p.)
feed	**fed**	**fed**
[피드]	[페드]	[페드]
(식구들을) 먹인다	(식구들을) 먹였다	(식구들을) 먹여왔다

feel

[fiːl]
(감정을) 느끼다, (촉감을) 느끼다

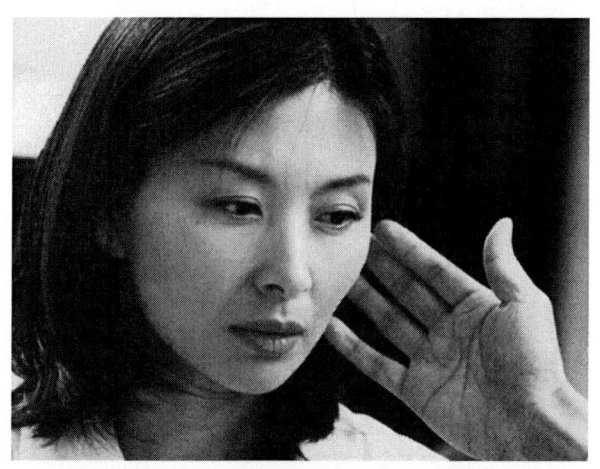

현재 present	과거 simple past	과거분사 past participle(p.p.)
feel	felt	felt
[필]	[펠트]	[펠트]
(배신감을) 느낀다	(배신감을) 느꼈다	(배신감을) 느껴왔다

fight
[fait]
싸우다, 겨루다

현재 present	과거 simple past	과거분사 past participle(p.p.)
fight	**fought**	**fought**
[파이트]	[포트]	[포트]
(적과) 싸운다	(적과) 싸웠다	(적과) 싸워온, 싸워왔다

*fought의 발음이 [포우트]가 아님에 유의할 것

find

[faind]

~을 찾다, ~을 발견하다

현재 present	과거 simple past	과거분사 past participle(p.p.)
find	**found**	**found**
[파인드]	[파운드]	[파운드]
(유적을) 발견한다	(유적을) 발견했다	(유적을) 발견한 적이 있다

flee
[fliː]
달아나다, 도망가다

현재 present	과거 simple past	과거분사 past participle(p.p.)
flee	**fled**	**fled**
[플리]	[플레드]	[플레드]
(미국으로) 도주한다	(미국으로) 도주했다	(미국으로) 도주한 적이 있다

fling
[flɪŋ]
던지다, 내팽개치다

현재 present	과거 simple past	과거분사 past participle(p.p.)
fling	flung	flung
[플링]	[플렁]	[플렁]
(벽돌을) 내던진다	(벽돌을) 내던졌다	(벽돌을) 내던진 적이 있다

fly
[flai]
날다, 튀어오르다

현재 present	과거 simple past	과거분사 past participle(p.p.)
fly	**flew**	**flown**
[플라이]	[플루]	[플로운]
(새들이) 날아오른다	(새들이) 날아올랐다	(새들이) 날아올라 왔다

*flew의 발음에 유의할 것

Example Sentence

현재(present)

A stork **flies** slowly.
황새 한 마리가 천천히 날아간다.

· 3인칭 단수 현재이므로 fly 뒤에 s를 붙여 flies로 변형된다.
· stork [stɔːrk, 스토크] 황새

과거(simple past)

A stork **flew** slowly.
황새 한 마리가 천천히 날아갔다.

과거분사(past participle)

A stork **has flown** slowly.
황새 한 마리가 천천히 날아간 적이 있다. → 경험

The stranded tourists **were** finally **flown** home.
발이 묶여 있던 관광객들은 마침내 비행기를 타고 집으로 갔다. → 수동태

· be 동사를 앞에 쓰면 **현재 완료**가 아닌 **수동태(당하는 입장)**가 된다.
· strand [strænd, 스트랜드] 오도가도 못하게 하다, 발을 묶다

forbid
[fəːrbíd]
금지하다

현재 present	과거 simple past	과거분사 past participle(p.p.)
forbid	**forbad, forbade**	**forbidden**
[퍼비드]	[퍼배드] [퍼배드]	[퍼비든]
(음주를) 금지한다	(음주를) 금지했다	(음주를) 금지해 왔다

*forbad와 forbade는 스펠링은 다르지만, 발음은 동일함에 유의할 것

forecast
[fɔ́ːrkæ̀st]
예측하다, 예보하다

현재 present	과거 simple past	과거분사 past participle(p.p.)
forecast	forecast, forecasted	forecast, forecasted
[포오캐스트]	[포오캐스트] [포오캐스티드]	[포오캐스트] [포오캐스티드]
(날씨를) 예측한다	(날씨를) 예측했다	(날씨를) 예측해 왔다

forget
[fərgét]
~를 잊다, 체념하다

현재 present	과거 simple past	과거분사 past participle(p.p.)
forget	forgot	forgotten
[퍼겟]	[퍼갓]	[퍼가튼]
(직무를) 잊는다	(직무를) 잊었다	(직무를) 잊은 적이 있다

forgive
[fəːrgív]
(죄를) 용서하다, (빚을) 탕감하다

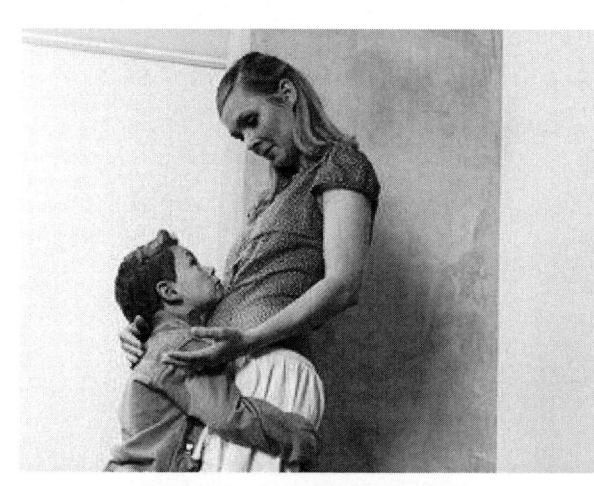

현재 present	과거 simple past	과거분사 past participle(p.p.)
forgive	forgave	forgiven
[퍼기브]	[퍼게이브]	[퍼기번]
(제자를) 용서한다	(제자를) 용서했다	(제자를) 용서해 왔다

*forgiven의 발음이 [포기븐]이 아님에 유의할 것

forsake

[fəːrséik]

~를 저버리다, ~를 그만두다

현재 present	과거 simple past	과거분사 past participle(p.p.)
forsake	forsook	forsaken
[퍼세이크]	[퍼수크]	[퍼세이컨]
(신앙을) 저버린다	(신앙을) 저버렸다	(신앙을) 저버려 왔다

Example Sentence

현재(present)

She **forsakes** the glamour of the city.
그녀는 도시의 화려함을 버린다.

- 3인칭 단수 현재이므로 forsake 뒤에 s를 붙인다.
- glamour [glǽmə(r), 글래머] 화려함, 매력, 부티, 귀티

과거(simple past)

She **forsook** the glamour of the city.
그녀는 도시의 화려함을 버렸다.

과거분사(past participle)

She **has forsaken** the glamour of the city.
그녀는 도시의 화려함을 버렸다. → 결과

The kid **was forsaken** like a worthless rag.
그 아이는 보잘 것 없는 누더기처럼 버려졌다. → 수동태

- be 동사를 앞에 쓰면 **현재 완료**가 아닌 **수동태(당하는 입장)**가 된다.
- worthless [wə́ːrθlis, 워뜰리스] 가치 없는, 쓸모없는, 무가치한
- rag [ræg, 래그] (특히 걸레/행주 등으로 쓰는) 해진 천, 누더기

freeze

[friːz]

(물이) 얼다, 동결하다

현재 present	과거 simple past	과거분사 past participle(p.p.)
freeze	**froze**	**frozen**
[프리즈]	[프로우즈]	[프로우즌]
(임금을) 동결한다	(임금을) 동결했다	(임금을) 동결해온, (임금을) 동결해왔다

*frozen의 발음이 [프로즌]이 아님에 유의할 것

쉬어가는 페이지

과거형과 과거분사

과거형을 예를 들어보자.
like가 '좋아하다'라는 뜻이다.
그럼, liked는 '좋아했다'라는 과거형이다.
지금은 '좋아하지 않는다'는 것이다.
보통 과거형에는 ed나 d가 붙는데,
이런 게 붙지 않고 단어의 형태가 바뀌는 것들은
불규칙적이라고 해서 '불규칙 동사'라고 한다.

eat(먹다)를 예로 들어보자.
이걸 세 단계, 동사/과거/과거분사로 나누면,
eat - ate - eaten으로 나뉜다.
eat는 말 그대로 '먹다, (햄버거를) 먹다, (밥을) 먹다'이다.

그리고 ate는 과거형으로 '먹었다'라는 뜻이다.

나는 어제 아이스크림을 먹었다.
(I **ate** ice cream yesterday.)

그러니까 '현재는 먹고 있지 않다'는 뜻이다.

그럼, 과거분사를 보자.

나는 사과를 먹어왔다. (I have eaten apples.)

과거형은 '어제 먹었을 뿐, 지금은 먹고 있지 않다'는 뜻이다.
하지만 eaten은 '예전부터 지금까지 주욱 먹어왔다'는 뜻이다.
그렇다고 '24시간 내내 먹었다'는 소리가 아니다.
아침마다 사과를 한두 개씩 먹는다거나,
사과를 '매일, 자주' 먹는다는 소리다.
'여태까지 사과를 먹어왔다.' 그런 뜻이다.

불규칙 동사와 규칙 동사는 다른 게 없다.
규칙동사는 그냥 '과거'와 '과거분사'에 모두 ed를 붙인 거고,
불규칙동사는 eat가 eated가 되지 않고 ate가 되는 것처럼
불규칙하게 변하는 것이다.
이런 것은 무조건 외우는 수밖에 없다.

규칙동사를 과거분사로 예를 들어보자.
live가 '살다'라는 뜻이다.
그러니까 live - lived - lived 세 단계로 나눌 수 있다.
세번째 과거분사의 뜻을 살펴보면 '살아왔다'라는 뜻이 된다.
그러나 live의 과거형과 과거분사형이 구분이 쉽지 않다.
이때는 과거분사형 앞에 have를 붙여 주어야 한다.

I have lived in Seoul.
(난 여태껏 주욱 서울에서 살아왔다.)

get
[get]
얻다, 받다, 획득하다

현재 present	과거 simple past	과거분사 past participle(p.p.)
get	**got**	**got, gotten**
[겟]	[갓]	[갓] [가튼]
(일자리를) 획득한다	(일자리를) 획득했다	(일자리를) 획득한 적이 있다

*get은 수동태(受動態)로는 거의 쓰지 않는다.

give
[giv]
~를 주다, ~를 인도하다

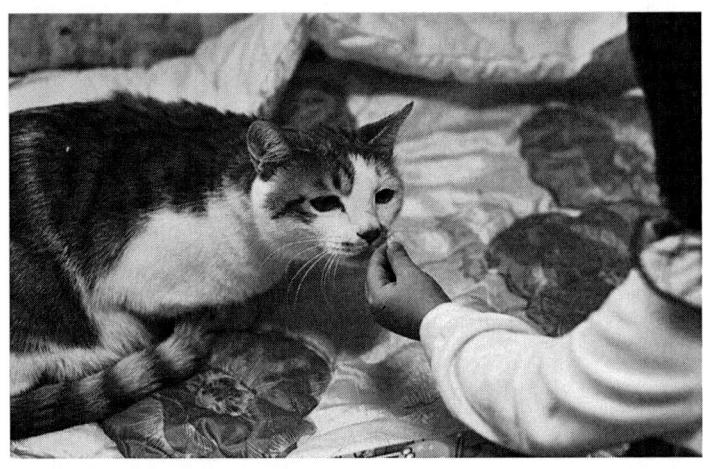

현재 present	과거 simple past	과거분사 past participle(p.p.)
give	**gave**	**given**
[기브]	[게이브]	[기번]
(등록금을) 준다	(등록금을) 주었다	(등록금을) 주어왔다

*given의 발음이 [기븐]이 아님에 유의할 것

Example Sentence

현재(present)

She **gives** her ticket to the woman at the check-in desk.
그녀는 검표 데스크에 있는 여자에게 표를 건네준다.

- 3인칭 단수 현재이므로 give 뒤에 s를 붙인다.
- check-in [체크 인] (공항의) 탑승 수속대

과거(simple past)

She **gave** her ticket to the woman at the check-in desk.
그녀는 검표 데스크에 있는 여자에게 표를 건네주었다.

과거분사(past participle)

She **has given** her ticket to the woman at the check-in desk.
그녀는 검표 데스크에 있는 여자에게 표를 건네준 적이 있다. → 경험

The child **was given** a plastic gun as a birthday present.
그 아이는 생일 선물로 플라스틱 총을 받았다. → 수동태

- be 동사를 앞에 쓰면 **현재 완료**가 아닌 **수동태(당하는 입장)**가 된다.

go
[gou]
~에 가다, ~에 도달하다

현재 present	과거 simple past	과거분사 past participle(p.p.)
go	**went**	**gone**
[고우]	[웬트]	[곤, 고온]
(브라질로) 간다	(브라질로) 갔다	(브라질로) 간 적이 있다

*gone이 형용사로 쓰였을 경우에는
'다 쓴, 떠난, 가버린, 끝난'이란 뜻으로 의미가 달라진다.

Example Sentence

be gone = have left : 떠나고 없다.

미국인이 be gone이라는 말을 하면,
무조건 '가고 없다'는 의미가 된다.
물론 be gone 앞에 will을 써서 will be gone이라고 하면,
'가고 없을 것이다'라는 뜻이 된다.
엄밀히 말하면 동사구는 아니지만,
많이 쓰이므로 알아두어야 한다.

Is he **gone** yet?
그는 벌써 가고 없니?

I will **be gone** by this afternoon.
오늘 오후쯤이면, 나는 가고 없을 것이다.

You would better **be gone** when I wake up.
내가 일어났을 때, 네가 가고 없었으면 좋겠다.

grind
[graind]
(멧돌로) 빻다, (이를) 갈다

현재 present	과거 simple past	과거분사 past participle(p.p.)
grind	**ground**	**ground**
[그라인드]	[그라운드]	[그라운드]
(생선뼈를) 간다	(생선뼈를) 갈았다	(생선뼈를) 갈아왔다

*grind의 발음이 [그린드]가 아님에 유의할 것

grow
[grou]
자라다, 재배하다

현재 present	과거 simple past	과거분사 past participle(p.p.)
grow	**grew**	**grown**
[그로우]	[그루]	[그로운]
(머리를) 기른다	(머리를) 길렀다	(머리를) 길러왔다

*grew의 발음에 유의할 것

쉬어가는 페이지

분사[分詞, participle(파티시플)]의 정의

동사의 활용형으로, 형용사적인 기능을 가지는 형식.

인도 게르만어족의 여러 언어에서 나타나는 동사 어형변화의 하나이다. '분사형'이란 이름으로도 불리며, 서법(敍法)의 일종으로 취급하여 '분사법'이라 불리기도 한다. 동사가 형용사처럼 기능한다고 보아, '동사-형용사'란 별명을 가지기도 한다.

어원은 '참여하다'의 뜻을 가지는 것으로, (고대 그리스 문법가들이) 분사가 명사 범주의 일부로 참여하여 형용사처럼 굴절하기도 하고, 또 동사 범주의 일부로 참여하여 시제와 태(voice)를 표현하기도 한다고 본 데서 유래한다.

유럽의 전통 문법에서는 오랫동안 품사의 하나로 취급되기도 하였다. 분사에는 '현재분사'와 '과거분사'가 있다.

현재분사는 명사 앞이나 뒤에서 명사를 수식하는 성분이 되기도 하고, be 동사와 함께 진행형을 만들기도 하고, 분사구문을 만들기도 한다.

과거분사는 have 동사와 함께 완료형을 만들기도 하고, be 동사와 함께 수동형을 만들기도 하며, 또 분사구문을 만들기도 한다.

  과거분사도 명사 앞이나 뒤에서 명사를 수식하기도 한다. 'my broken heart'와 같은 쓰임에서의 과거분사는 형용사처럼 취급하기도 한다. 대체로 현재분사는 '진행적, 능동적인 뜻'을 나타내고, 과거분사는 '완료적, 수동적인 뜻'을 나타낸다.
  '-ing'는 접사의 하나로 취급하기도 하고, 굴절소(INFL)로 취급하는 일도 있다.

hang
[hæŋ]
매달다, 늘어지다

현재 present	과거 simple past	과거분사 past participle(p.p.)
hang	**hung**	**hung**
[행]	[헝]	[헝]
(모자를) 건다	(모자를) 걸었다	(모자를) 걸어왔다

hang
[hæŋ]
교수형에 처하다

현재 present	과거 simple past	과거분사 past participle(p.p.)
hang	**hanged**	**hanged**
[행]	[행드]	[행드]
교수형에 처한다	교수형에 처했다	교수형에 처해왔다

have
[hæv]
~을 소유하다, 가지고 있다

현재 present	과거 simple past	과거분사 past participle(p.p.)
have, has	**had**	**had**
[해브] [해즈]	[해드]	[해드]
(직업을) 가지고 있다	(직업을) 가졌다	(직업을) 가진 적이 있다

*had의 발음이 [헤드]가 아님에 유의할 것

hear
[hiər]
듣다, 귀를 기울이다

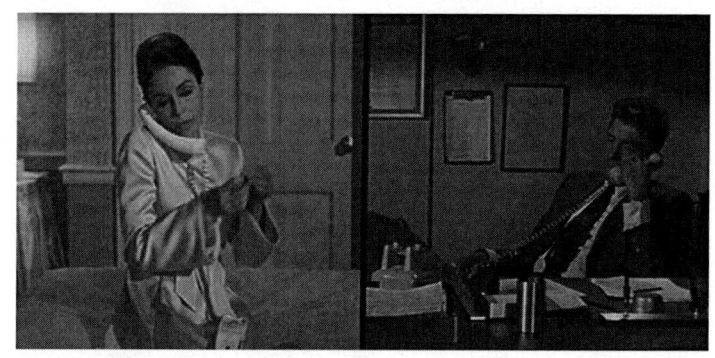

현재 present	과거 simple past	과거분사 past participle(p.p.)
hear	**heard**	**heard**
[히어]	[허드]	[허드]
(강의를) 듣는다	(강의를) 들었다	(강의를) 들어왔다

hide
[haid]
숨다, 감추다

현재 present	과거 simple past	과거분사 past participle(p.p.)
hide	**hid**	**hidden**
[하이드]	[히드]	[히든]
(지하로) 도피한다	(지하로) 도피했다	(지하로) 도피한 적이 있다

Example Sentence

현재(present)

He **hides** the letter in a drawer.
그는 그 편지를 서랍 속에 감춘다.

- 3인칭 단수 현재이므로 hide 뒤에 s를 붙인다.
- drawer [drɔ́ːər, 드로어] 서랍

과거(simple past)

He **hid** the letter in a drawer.
그는 그 편지를 서랍 속에 감췄다.

과거분사(past participle)

He **has hidden** the letter in a drawer.
그는 그 편지를 서랍 속에 감춰왔다. → 계속

The arms **were hidden** in a huge hole.
그 무기는 거대한 구덩이 안에 숨겨져 있었다. → 수동태

- be 동사를 앞에 쓰면 현재 완료가 아닌 수동태(당하는 입장)가 된다.
- huge [hjuːdʒ, 휴우지] (크기/양/정도가) 엄청난, 거대한
- hole [houl, 호울] 구덩이, 구멍, 굴, (골프의) 홀

hit
[hit]
~를 때리다, (공을) 치다

현재 present	과거 simple past	과거분사 past participle(p.p,)
hit	hit	hit
[힛]	[힛]	[힛]
(홈런을) 친다	(홈런을) 쳤다	(홈런을) 쳐왔다

hold
[hould]
~를 잡다, 개최하다

현재 present	과거 simple past	과거분사 past participle(p.p.)
hold	held	held
[호울드]	[헬드]	[헬드]
(올림픽을) 개최한다	(올림픽을) 개최했다	(올림픽을) 개최한 적이 있다

hurt
[hə:rt]
~을 다치게 하다, 고통을 주다

현재 present	과거 simple past	과거분사 past participle(p.p.)
hurt	hurt	hurt
[허트]	[허트]	[허트]
(자동차 사고로) 다친다	(자동차 사고로) 다쳤다	(자동차 사고로) 다친 적이 있다

keep
[kiːp]
유지하다, 지키다

현재 present	과거 simple past	과거분사 past participle(p.p.)
keep	kept	kept
[키프]	[켑트]	[켑트]
(문화재를) 보존한다	(문화재를) 보존했다	(문화재를) 보존해 왔다

kneel
[niːl]
무릎 꿇다

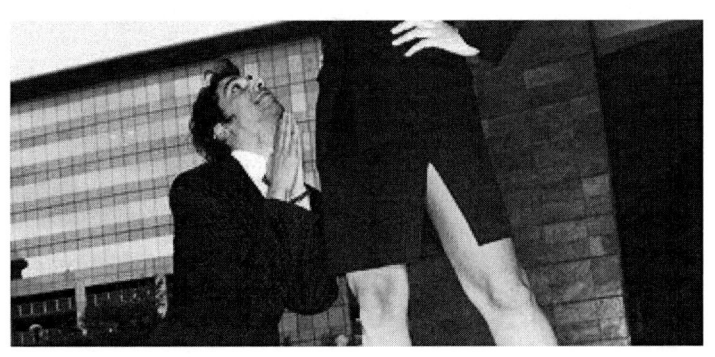

현재 present	과거 simple past	과거분사 past participle(p.p.)
kneel	knelt	knelt
[닐]	[넬트]	[넬트]
(항복의 표시로) 무릎을 꿇는다	(항복의 표시로) 무릎을 꿇었다	(항복의 표시로) 무릎을 꿇은 적이 있다

know
[nou]
알다, 확신하다

현재 present	과거 simple past	과거분사 past participle(p.p.)
know	**knew**	**known**
[노우]	[니우, 뉴]	[노운]
(헛소문에 대해) 알고 있다	(헛소문에 대해) 알고 있었다	(헛소문에 대해) 알아왔다

K

Example Sentence

현재(present)

We **know** her to be honest.
우리는 그녀가 정직한 것으로 알고 있다.

과거(simple past)

We **knew** her to be honest.
우리는 그녀가 정직한 것으로 알고 있었다.

과거분사(past participle)

We **have known** her to be honest.
우리는 그녀가 정직한 것으로 알고 있어왔다. → 계속

Two women **are known** to have died.
두 명의 여성이 사망한 것으로 알려져 있다. → 수동태

· be 동사를 앞에 쓰면 현재 완료가 아닌 수동태(당하는 입장)가 된다.

lay
[lei]
~를 놓다, ~를 두다

현재 present	과거 simple past	과거분사 past participle(p.p.)
lay	**laid**	**laid**
[레이]	[레이드]	[레이드]
(달걀을) 놓는다	(달걀을) 놓았다	(달걀이) 놓여져 있는

*lay를 lie(~에 눕다)와 혼동하는 사람들이 있다.
특히 현재와 현재분사형에 대해 그러하다.
하지만 lay는 목적어를 취하고, lie는 그렇지 않다.

lead
[liːd]
이끌다, 선두에 서다

현재 present	과거 simple past	과거분사 past participle(p.p.)
lead	**led**	**led**
[리드]	[레드]	[레드]
(공학분야에서) 선두를 달린다	(공학분야에서) 선두를 달렸다	(공학분야에서) 선두를 달려왔다

leap
[liːp]
뜀뛰다, 급증하다

현재 present	과거 simple past	과거분사 past participle(p.p.)
leap	**leapt, leaped**	**leapt, leaped**
[리프]	[렙트] [리프트]	[렙트] [리프트]
(주가가) 급등한다	(주가가) 급등했다	(주가가) 급등해 왔다

*leapt의 발음이 [리프트]가 아님에 유의할 것
*leaped의 발음이 [리프드]가 아님에 유의할 것

learn
[ləːrn]
배우다, 깨우치다

현재 present	과거 simple past	과거분사 past participle(p.p.)
learn	**learned, learnt**	**learned, learnt**
[런]	[러니드] [런트]	[러니드] [런트]
(학문을) 배운다	(학문을) 배웠다	(학문을) 배워왔다

*learned의 발음이 [런드]가 아님에 유의할 것

leave

[liːv]

떠나다, 남기다

현재 present	과거 simple past	과거분사 past participle(p.p.)
leave	**left**	**left**
[리브]	[레프트]	[레프트]
(뉴욕을 향해) 떠난다	(뉴욕을 향해) 떠났다	(뉴욕을 향해) 떠난 적이 있다

*leave의 과거분사는 '떠나왔다(여러 번 떠났다는 뜻)'라는 의미보다는 '떠난 적(경험)이 있다'라는 말을 주로 사용한다.

lend
[lend]
빌리다, 대출하다

현재 present	과거 simple past	과거분사 past participle(p.p.)
lend	**lent**	**lent**
[렌드]	[렌트]	[렌트]
(높은 이자로) 돈을 빌린다	(높은 이자로) 돈을 빌렸다	(높은 이자로) 돈을 빌려왔다

let
[let]
~를 시키다, 세를 놓다

현재 present	과거 simple past	과거분사 past participle(p.p.)
let	let	let
[렛]	[렛]	[렛]
(빈 집을) 세놓는다	(빈 집을) 세놓았다	(빈 집을) 세놓아 왔다

*let은 수동태(受動態)로는 쓰이지 않음에 유의할 것

lie
[lai]
눕다, 놓여 있다

현재 present	과거 simple past	과거분사 past participle(p.p.)
lie	**lay**	**lain**
[라이]	[레이]	[레인]
(강아지가) 바닥에 눕는다	(강아지가) 바닥에 누웠다	(강아지가) 바닥에 누운 적이 있다

*lay 동사와 lie 동사의 불규칙 변화에 대해 유의해서 공부할 것

Example Sentence

현재(present)

The book **lies** open on his desk.
그 책은 그의 책상 위에 펼쳐진 채 놓여 있다.

· 3인칭 단수 현재이므로 lie 뒤에 s를 붙인다.

과거(simple past)

The book **lay** open on his desk.
그 책은 그의 책상 위에 펼쳐진 채 놓여 있었다.

과거분사(past participle)

The book **has lain** open on his desk.
그 책은 그의 책상 위에 펼쳐진 채 놓여 있던 적이 있다. → 경험

lie
[lai]
거짓말하다

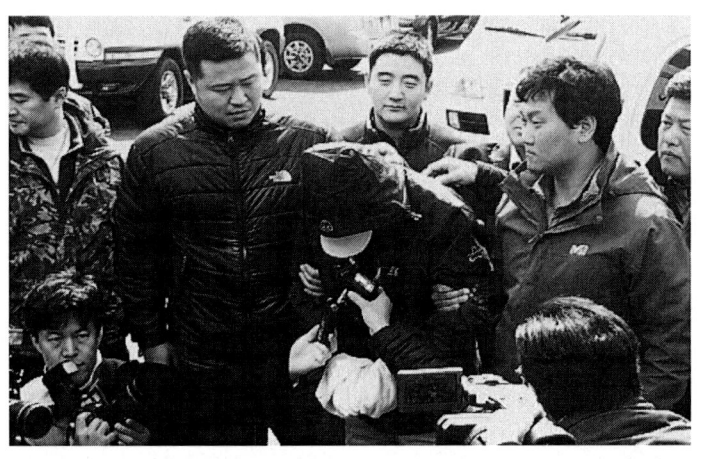

현재 present	과거 simple past	과거분사 past participle(p.p.)
lie	**lied**	**lied**
[라이]	[라이드]	[라이드]
(카사노바가) 거짓말 한다	(카사노바가) 거짓말 했다	(카사노바가) 거짓말 해왔다

light
[lait]
불을 켜다, 점화하다, 밝아지다

현재 present	과거 simple past	과거분사 past participle(p.p.)
light	**lit, lighted**	**lit, lighted**
[라이트]	[리트] [라이티드]	[리트] [라이티드]
(양초에) 불을 붙인다	(양초에) 불을 붙였다	(양초에) 불을 붙인 적이 있다

lose

[luːz]
분실하다, (경기에) 지다

현재 present	과거 simple past	과거분사 past participle(p.p.)
lose	lost	lost
[루즈]	[로스트]	[로스트]
(목걸이를) 잃는다	(목걸이를) 잃었다	(목걸이를) 잃은 적이 있다

*lose의 과거분사는 '잃어왔다, 분실해 왔다'보다는 '잃은 적이 있다, 분실한 적이 있다'를 주로 사용한다.

make
[meik]
만들다, 제작하다

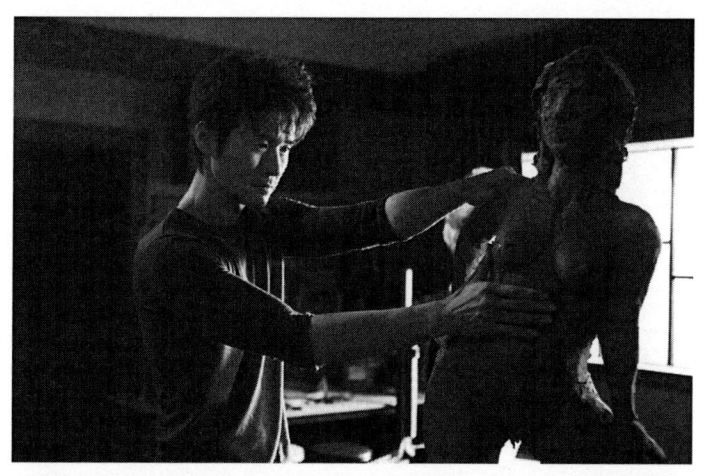

현재 present	과거 simple past	과거분사 past participle(p.p.)
make	**made**	**made**
[메이크]	[메이드]	[메이드]
(단편영화를) 만든다	(단편영화를) 만들었다	(단편영화를) 만들어 왔다

may
[mei]
~할지도 모른다, ~해도 좋다

현재 present	과거 simple past	과거분사 past participle(p.p.)
may	**might**	-
[메이]	[마이트]	-
(공부를) 할지 모른다	(공부를) 했을지도 모른다	-

mean
[miːn]
의미하다, 뜻하다

현재 present	과거 simple past	과거분사 past participle(p.p.)
mean	**meant**	**meant**
[민]	[멘트]	[멘트]
의미한다	의미했다	의미해온

*meant의 발음이 [민트]가 아님에 유의할 것

meet
[miːt]
~를 만나다, ~와 마주치다

현재 present	과거 simple past	과거분사 past participle(p.p.)
meet	**met**	**met**
[미트, 밋]	[멛]	[멛]
(그녀를) 만난다	(그녀를) 만났다	(그녀를) 만나왔다

mistake
[mistéik]
오해하다, 잘못 생각하다

현재 present	과거 simple past	과거분사 past participle(p.p.)
mistake	mistook	mistaken
[미스테이크]	[미스툭, 미스투크]	[미스테이컨]
(간첩으로) 오해한다	(간첩으로) 오해했다	(간첩으로) 오해한 적이 있다

Example Sentence

현재(present)

I **mistake** her offer as a threat.
나는 그녀의 제의를 협박으로 오인한다.

· offerr [ɔ(:)fər, 오퍼] 제의, 제안, 신청, 제안하다, 제공하다
· threat [θret, 뜨레트] 으름, 협박, 위협

과거(simple past)

I **mistook** her offer as a threat.
나는 그녀의 제의를 협박으로 오인했다.

과거분사(past participle)

I **have mistaken** her offer as a threat.
나는 그녀의 제의를 협박으로 오인한 적이 있다. → 경험

I **was mistaken** for a spy.
나는 간첩으로 오해받았다. → 수동태

· be 동사를 앞에 쓰면 **현재 완료**가 아닌 **수동태**(**당하는 입장**)가 된다.

쉬어가는 페이지

동명사와 현재분사의 정의

　동명사와 현재분사의 구분은 어렵다. 그 이유는 형태가 비슷하기 때문이다.

　일단 동명사나 현재분사의 두 근원은 동사에서 나온 것들이다. 그래서 동사의 성격을 갖고 있는 공통점이 있다. 그러나 동명사는 이름에서 알 수 있듯 동사가 명사화한 것이고, 현재분사는 동사가 형용사화한 것이다.

　동사, 형용사, 명사의 차이는 무엇일까?
　동사란 [공부를 하다]같은 동작이고,
　명사란 [공부]같은 것이다.
　형용사란 [똑똑한]처럼 명사를 꾸며준다.

　그럼, 동명사의 '동사의 명사화'란 무엇일까요?
　[공부를 하다]라는 동사가 명사화하면, [공부하는 것]이 된다.

　그럼, 현재분사의 '동사의 형용사화'란 무엇일까요?
　[공부를 하다]라는 동사가 형용사화하면, [공부를 하는]이 된다.

overcome
[òuvərkʌ́m]
극복하다, 이기다

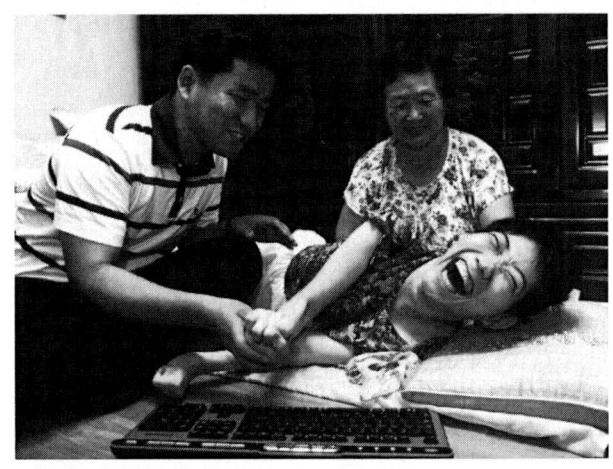

현재 present	과거 simple past	과거분사 past participle(p.p.)
overcome	overcame	overcome
[오버컴]	[오버케임]	[오버컴]
(장애를) 극복한다	(장애를) 극복했다	(장애를) 극복해 왔다

pay
[pei]
~을 갚다, ~을 지불하다

현재 present	과거 simple past	과거분사 past participle(p.p.)
pay	paid	paid
[페이]	[페이드]	[페이드]
(주차비를) 지불한다	(주차비를) 지불했다	(주차비를) 지불해 왔다

put
[put]
~에 (내려)놓다, ~에 배치하다

현재 present	과거 simple past	과거분사 past participle(p.p.)
put	put	put
[풋]	[풋]	[풋]
(군대를) 배치한다	(군대를) 배치했다	(군대를) 배치해 왔다

쉬어가는 페이지

과거와 현재완료의 의미상 차이

1. 과거시제는 과거의 어떤 한 시점의 일을 기술하는 것으로, 과거에 초점이 맞추어져 있다.

I **wrote** five letters yesterday. (나는 어제 5통의 편지를 썼다.)
[어제의 일]

I **met** him last Monday. (나는 지난 월요일에 그를 만났다.)
[지난 월요일의 일]

Tom **was** in the army for three years. (톰은 3년 동안 군대에 있었다.)
[과거 어느 기간의 일]

2. 현재완료 시제는 '과거 어느 시점부터 현재까지 일어난 일'을 나타내기 위한 것으로서, 그 초점은 어디까지나 '현재의 상태'를 나타내려는 데 있다. 따라서 yesterday, last week 등과 같이 과거를 나타내는 어구와는 함께 쓰이지 않는다는 것을 기억해야 한다.

I **have written** five letters since yesterday.
(나는 어제 이후로 5통의 편지를 써왔다.)
[어제부터 현재까지 계속된 일]

*since를 빼면 틀린 문장이 된다.

I **have** never **met** him before. (나는 전에 그를 만난 적이 없다.)
[과거 어느 시점부터 현재까지 경험한 일]

Ted **has been** in the army for three years.
(테드는 3년 동안 군대에 있어 왔다.)
[3년 전부터 현재까지 계속된 일]

3. 현재완료는 우리말에 없는 시제이므로 우리말로는 같은 표현이라도 문맥에 따라서 영어 표현법이 달라진다.

나는 어제 코알라를 보았다.
I **saw** a koala yesterday. [과거]

나는 전에 코알라를 보았다.
I **have seen** a koala before. [경험]

그는 지난주에 아팠다. [지금은 아프지 않음]
He **was** ill last week. [과거]

그는 지난주부터 아팠다. [지금도 아픈 상태임]
He **has been** ill since last week. [계속]

quit
[kwit]
~을 그만두다, 버리고 가다

현재 present	과거 simple past	과거분사 past participle(p,p,)
quit	quit, quitted	quit, quitted
[퀴트]	[퀴트] [퀴티드]	[퀴트] [퀴티드]
(담배를) 끊는다	(담배를) 끊었다	(담배를) 끊은 적이 있다

*'담배를 끊어왔다'는 말은 어감이 이상하게 들릴 수 있다. (계속)
'담배를 끊은 적이 있다'라는 말이 자연스럽게 들린다. (경험)

Q

raise
[reiz]
올리다, 승진시키다

현재 present	과거 simple past	과거분사 past participle(p.p.)
raise	**raised**	**raised**
[레이즈]	[레이즈드]	[레이즈드]
(권총을) 들어올린다	(권총을) 들어올렸다	(권총을) 들어올린 적이 있다

read
[riːd]
읽다

현재 present	과거 simple past	과거분사 past participle(p.p.)
read	**read**	**read**
[리드]	[레드]	[레드]
(책을) 읽는다	(책을) 읽었다	(책을) 읽어왔다

*과거, 과거분사의 read는 스펠링(철자)은 같지만, 발음은 다르다는 것에 특히 유의할 것.

rend

[rend]

~을 찢다, ~을 가르다

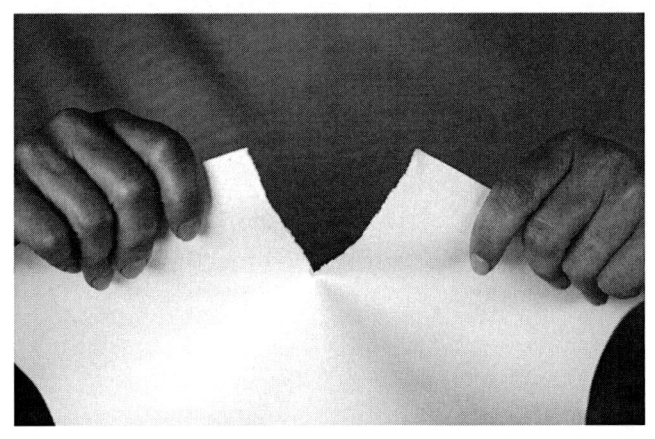

현재 present	과거 simple past	과거분사 past participle(p.p.)
rend	**rent**	**rent**
[렌드]	[렌트]	[렌트]
(옷을) 찢는다	(옷을) 찢었다	(옷을) 찢은 적이 있다

rid
[rid]
제거하다, 자유롭게 하다

현재 present	과거 simple past	과거분사 past participle(p.p.)
rid	rid, ridded	rid, ridded
[리드]	[리드] [리디드]	[리드] [리디드]
(질병을) 제거한다	(질병을) 제거했다	(질병을) 제거해 왔다

ride
[raid]
~을 타다, (배가) 정박하다

현재 present	과거 simple past	과거분사 past participle(p.p.)
ride	rode	ridden
[라이드]	[로우드]	[리든]
(자전거를) 탄다	(자전거를) 탔다	(자전거를) 타왔다

*rode의 발음이 [로드]가 아님에 유의할 것

Example Sentence

현재(present)

He **rides** to work every morning on a horse.
그는 말을 타고 매일 아침 출근한다.

· 3인칭 단수 현재이므로 ride 뒤에 s를 붙인다.

과거(simple past)

He **rode** to work every morning on a horse.
그는 말을 타고 매일 아침 출근했다.

과거분사(past participle)

He **has ridden** to work every morning on a horse.
그는 말을 타고 매일 아침 출근해 왔다. → 계속

ring
[rɪŋ]
(종이) 울리다, 불러들이다

현재 present	과거 simple past	과거분사 past participle(p.p.)
ring	**rang**	**rung**
[링]	[랭]	[렁]
(초인종이) 울린다	(초인종이) 울렸다	(초인종이) 울려왔다

ring
[rɪŋ]
~을 둘러싸다, 고리를 끼우다

현재 present	과거 simple past	과거분사 past participle(p.p.)
ring	ringed	ringed
[링]	[링드]	[링드]
(팬들이) 둘러싼다	(팬들이) 둘러쌌다	(팬들이) 둘러싼 적이 있다

*ring이 '둘러싸다'라는 의미로 쓰일 때는 수동태(受動態)로 흔히 쓰인다.

rise
[raiz]
오르다, 상승하다

현재 present	과거 simple past	과거분사 past participle(p.p.)
rise	rose	risen
[라이즈]	[로우즈]	[리전]
(가격이) 오른다	(가격이) 올랐다	(가격이) 올라왔다

*rise와 raise의 뜻이 거의 흡사하게 쓰이는 것에 눈여겨볼 필요가 있다.
*rose와 risen의 발음에 유의할 것

Example Sentence

현재(present)

They **rise** from the table.
그들은 식탁에서 일어난다.

과거(simple past)

They **rose** from the table.
그들은 식탁에서 일어났다.

과거분사(past participle)

They **have risen** from the table over the last decade.
지난 10년 동안 그들은 식탁에서 일어나왔다. → 계속

· over : ~동안
· decade [díkeid, 디케이드] 10년, 10년간

run
[rʌn]
달리다, 도망치다

현재 present	과거 simple past	과거분사 past participle(p.p.)
run	ran	run
[런]	[랜]	[런]
(운동으로) 달리기를 한다	(운동으로) 달리기를 했다	(운동으로) 달리기를 해왔다

쉬어가는 페이지

현재완료의 용법

1. 완료

현재완료는 부사 just(이제, 방금), already(이미), yet(벌써, 아직) 등과 함께 쓰여 '과거 어느 시점에 시작된 동작이 현재 시점에 완료된 상태'를 나타낸다.
따라서 현재완료 부정문이 되면, 현재에도 동작이 종료되지 않았음을 나타내게 된다.

참고 : already와 just는 보통 have와 과거분사 사이에 위치하며, yet은 문장 끝에 온다. already는 긍정문에 쓰이고, yet은 부정문과 의문문에 쓰인다.

They **have** just **returned** home.
(그들은 방금 집에 돌아왔다.)
I **have** already **finished** my homework.
(나는 이미 숙제를 끝냈다.)
Have you **finished** with the paper yet?
(벌써 신문을 다 읽으셨습니까?)
I **haven't read** the book yet.
(나는 아직 그 책을 읽지 못했다.)

2. 결과

현재완료는 '과거에 행한 동작의 결과가 현재 시점에 나타나고 있음'을 나타낸다.

다음의 문장에서와 같이, 과거형은 단순히 '과거에 있었던 일'을 기술하는 것으로 끝나지만, 결과적 용법의 현재완료는 '과거의 행위로 인한 결과가 현재 시점에 나타나고 있음'을 표현하게 된다.

She **lost** her watch. (그녀는 시계를 잃어 버렸다.)
[현재 상태와는 무관하게 과거의 사실만을 기술한다.]

She **has lost** her watch. (그녀는 시계를 잃어 버렸다.)
[그래서 그 결과, 현재 시계가 없다는 의미가 내포된다.]

Someone **has broken** the window. (누군가가 창문을 깼다.)
He **has gone** abroad. (그는 해외로 가버렸다.)

3. 경험

현재완료는 부사 ever, never, before, once, twice, often 등과 함께 쓰여, '과거 어느 시점부터 현재까지 경험한 일'을 나타낸다.

ever, never, often 등의 부사는 have와 과거분사의 사이에 놓이게 되고, twice, before 같은 부사는 보통 문장 끝에 온다.

또한 once가 「이전에, 한때」라는 뜻의 부사로 쓰이면, 문장 앞이나 have와 과거분사 사이에 놓이고, 「한 번, 한차례」라는 횟수를 나타내는 부사로 쓰이면 문장 뒤에 놓인다.

Have you ever **seen** a giraffe?
(기린을 본 적이 있습니까?)
I **have** never **forgotten** her smile.
(나는 그녀의 미소를 잊은 적이 없다.)
We **haven't met** him before.
(우리는 전에 그를 만난 적이 없다.)
He **has** once **visited** Korea.
(그는 한때 한국을 방문한 적이 있다.)

4. 계속

현재완료는 for ~, since ~, lately 등과 같이 기간을 나타내는 말과 함께 쓰여, '과거 어느 시점에서부터 현재까지 계속되고 있는 동작이나 상태'를 나타낸다.
계속을 나타내는 현재완료는 문맥에 따라
① 「과거 시점부터 현재까지 계속되어 왔으나,
    이제부터는 그렇지 않다」라는 의미와,
② 「과거 시점부터 현재까지 계속되어 왔고,
    현재도 계속 중이다」라는 두 가지 의미로 생각해 볼 수 있다.

It **has been** cold lately, but it's getting warmer.
(최근에는 추웠지만, 점점 따뜻해지고 있다.)

It **has been** cold lately, and still it is.
(최근에는 추웠다. 그리고 아직도 춥다.)

I **have lived** here since 1990.
(나는 1990년 이후로 줄곧 여기서 살아왔다.)

saw
[sɔː]
톱질하다

현재 present	과거 simple past	과거분사 past participle(p.p.)
saw	**sawed**	**sawed, sawn**
[소]	[소드]	[소드] [손]
(나무를) 톱질한다	(나무를) 톱질했다	(나무를) 톱질해 왔다

*saw의 발음이 [소우]가 아님에 유의할 것

say
[sei]
말하다, 표현하다

현재 present	과거 simple past	과거분사 past participle(p.p.)
say	said	said
[세이]	[세드]	[세드]
(다니엘이) 말한다	(다니엘이) 말했다	(다니엘이) 말해왔다

seat
[siːt]
앉다, 앉히다

현재 present	과거 simple past	과거분사 past participle(p.p.)
seat	**seated**	**seated**
[시트]	[시티드, 시디드]	[시티드, 시디드]
(좌석에) 앉힌다	(좌석에) 앉혔다	(좌석에) 앉혀왔다

*seated의 실제발음은 [시티드]보다는 [시디드]에 가깝다.

see
[siː]
구경하다, 목격하다

현재 present	과거 simple past	과거분사 past participle(p.p.)
see	saw	seen
[시]	[소]	[신]
(영화를) 본다	(영화를) 봤다	(영화를) 봐왔다

*saw의 발음이 [소우]가 아님에 유의할 것

seek
[siːk]
찾다, 구하다

현재 present	과거 simple past	과거분사 past participle(p.p.)
seek	**sought**	**sought**
[식]	[소트]	[소트]
(자금을) 구한다	(자금을) 구했다	(자금을) 구해온, 구해왔다

*sought의 발음이 [소우트]가 아님에 유의할 것

sell
[sel]
~를 팔다, ~를 매각하다

현재 present	과거 simple past	과거분사 past participle(p.p.)
sell	**sold**	**sold**
[셀]	[소울드]	[소울드]
(중고차를) 판다	(중고차를) 팔았다	(중고차를) 팔아왔다

*sold의 발음이 [솔드]가 아님에 유의할 것

send
[send]
보내다, 발송하다

현재 present	과거 simple past	과거분사 past participle(p.p.)
send	**sent**	**sent**
[센드]	[센트]	[센트]
(이메일을) 보낸다	(이메일을) 보냈다	(이메일을) 보내왔다

set
[set]
~에 놓다, ~를 설정하다

현재 present	과거 simple past	과거분사 past participle(p.p.)
set	set	set
[셋]	[셋]	[셋]
(무대를) 설정한다	(무대를) 설정했다	(무대를) 설정해 왔다

sew
[sou]
깁다, 꿰매다, 바느질하다

현재 present	과거 simple past	과거분사 past participle(p.p.)
sew	**sewed**	**sewed, sewn**
[소우]	[소우드]	[소우드] [손, 소운]
(단추를) 꿰맨다	(단추를) 꿰맸다	(단추를) 꿰매왔다

*sewed와 sewn의 발음에 유의할 것

shake
[ʃeik]
흔들다, 악수하다

현재 present	과거 simple past	과거분사 past participle(p.p.)
shake	**shook**	**shaken**
[쉐이크]	[슈크]	[쉐이컨]
(깃발을) 흔든다	(깃발을) 흔들었다	(깃발을) 흔들어 왔다

*shaken의 발음이 [쉐이큰]이 아님에 유의할 것

Example Sentence

현재(present)

He **shakes** her violently by the shoulders.
그가 그녀의 어깨를 잡고, 마구 흔든다.

- 3인칭 단수 현재이므로 shake 뒤에 s를 붙인다.
- violently [vaiələntli, 바이얼런틀리] 격렬하게, 맹렬히, 난폭하게, 거칠게

과거(simple past)

He **shook** her violently by the shoulders.
그가 그녀의 어깨를 잡고, 마구 흔들었다.

과거분사(past participle)

He **has shaken** her violently by the shoulders.
그가 그녀의 어깨를 잡고, 마구 흔들어왔다. → 계속

He **was** badly **shaken** by the news of her death.
그는 그녀의 사망 소식에 몹시 충격을 받았다. → 수동태

- be 동사를 앞에 쓰면 **현재 완료**가 아닌 **수동태(당하는 입장)**가 된다.
- badly [bædli, 배들리] 몹시, 너무, 심하게

shall
[ʃæl]
~할 것이다, ~일 것이다

현재 present	과거 simple past	과거분사 past participle(p.p.)
shall	**should**	-
[쉘]	[슈드(美), 셔드(英)]	-
영국에 있을 것이다 (미래)	영국에 있을 것이다 (추측)	-

*shall은 주어 I와 we 뒤에 쓰여 미래를 말하거나, 미래의 예측을 나타낸다.

쉬어가는 페이지

Shall vs. Will

shall은 will과 비슷한 의미이다.
그런데 상대방의 '의향'을 물을 때는 Shall I? 혹은 Shall we?
이렇게 두 가지를 사용한다.
반대로 상대방의 '추측'을 물을 때는 Will we를 사용한다.

Shall we? : 우리가 그렇게 할까요?
Will we? : 우리가 그리 될 거라 생각하세요?

Shall we dance?
(우리 춤을 출까요?)
Shall we go now?
(우리 이제 갈까요?)
Shall we eat out?
(우리 외식〈外食〉할까요?)

shave
[ʃeiv]
(가격을) 깎다, 면도하다

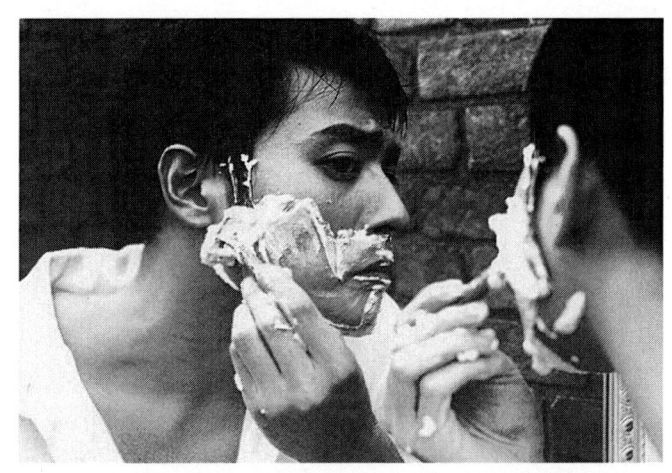

현재 present	과거 simple past	과거분사 past participle(p.p.)
shave	**shaved**	**shaved, shaven**
[쉐이브]	[쉐이브드]	[쉐이브드] [쉐이번]
(아침에) 면도한다	(아침에) 면도했다	(아침에) 면도해 왔다

*shaven의 발음이 [쉐이븐]이 아님에 유의할 것

shear
[ʃiəːr]
(양털을) 깎다, (머리를) 깎다

현재 present	과거 simple past	과거분사 past participle(p.p.)
shear	**sheared**	**sheared, shorn**
[쉬어]	[쉬어드]	[쉬어드] [쇼온]
(양털을) 깎는다	(양털을) 깎았다	(양털을) 깎아왔다

*shorn의 스펠링과 발음에 유의할 것

shed
[ʃed]
(피, 눈물을) 흘리다, (나뭇잎이) 떨어지다

현재 present	과거 simple past	과거분사 past participle(p.p.)
shed	**shed**	**shed**
[쉐드]	[쉐드]	[쉐드]
(눈물을) 흘린다	(눈물을) 흘렸다	(눈물을) 흘려왔다

shine

[ʃain]

~이 빛나다, ~을 비추다

현재 present	과거 simple past	과거분사 past participle(p.p.)
shine	shone	shone
[샤인]	[쇼온]	[쇼온]
(태양이) 빛난다	(태양이) 빛났다	(태양이) 빛나왔다

*shine - shone - shone은 자동사(빛나다)와 타동사(비추다)의 뜻을 가지고 있다.

shine
[ʃain]
~를 닦다, 윤을 내다

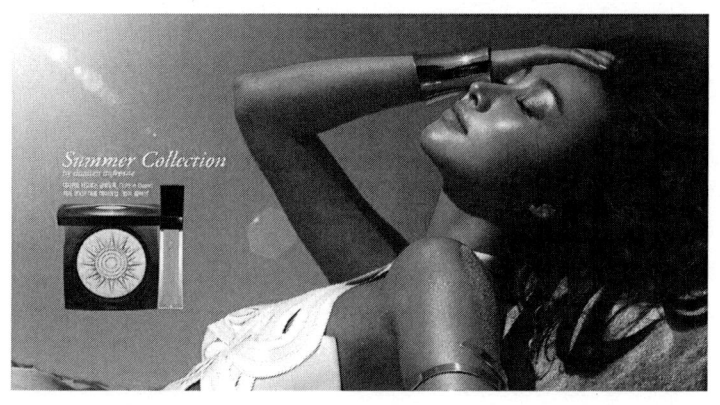

현재 present	과거 simple past	과거분사 past participle(p.p.)
shine	**shined**	**shined**
[샤인]	[샤인드]	[샤인드]
(구두의) 광을 낸다	(구두의) 광을 냈다	(구두의) 광을 내왔다

*'윤(광)을 내다, 닦다'는 뜻의 shine - shined - shined는 타동사로만 쓰인다.

shoot
[ʃuːt]
(총을) 쏘다, 득점을 올리다

현재 present	과거 simple past	과거분사 past participle(p.p.)
shoot	**shot**	**shot**
[슈트]	[숏]	[숏]
(권총을) 쏜다	(권총을) 쏘았다	(권총을) 쏘아왔다

show
[ʃou]
보여주다, 안내하다

현재 present	과거 simple past	과거분사 past participle(p.p.)
show	**showed**	**showed, shown**
[쇼우]	[쇼우드]	[쇼우드] [쇼운]
(편지를) 보여준다	(편지를) 보여주었다	(편지를) 보여준 적이 있다

*show 동사는 과거분사가
규칙변화(showed)와 불규칙 변화(shown)로 차이 없이 쓰인다.

shrink
[ʃriŋk]
줄어들다, 움츠러들다

현재 present	과거 simple past	과거분사 past participle(p.p.)
shrink	shrank, shrunk	shrunk, shrunken
[슈링크]	[슈랭크] [슈렁크]	[슈렁크] [슈렁컨]
(경제규모가) 줄어든다	(경제규모가) 줄어들었다	(경제규모가) 줄어들어 왔다

*shrunken은 형용사로만 사용되며, 주로 명사 앞에 쓰인다.

Example Sentence

현재(present)

My sweater **shrinks** in the wash.
내 스웨터는 물에 빨면 줄어든다.

· 3인칭 단수 현재이므로 shrink 뒤에 s를 붙인다.

과거(simple past)

My sweater **shrank** in the wash.
내 스웨터를 물에 빨았더니 줄어들었다.

과거분사(past participle)

My sweater **has shrunk** in the wash.
내 스웨터는 물에 빨아 줄어들어 왔다. → 계속

shut
[ʃʌt]
(문을) 닫다, (책을) 덮다

현재 present	과거 simple past	과거분사 past participle(p.p.)
shut	shut	shut
[셔트]	[셔트]	[셔트]
(창문을) 닫는다	(창문을) 닫았다	(창문을) 닫아왔다

sing
[sɪŋ]
노래하다, 지저귀다

현재 present	과거 simple past	과거분사 past participle(p.p.)
sing	**sang**	**sung**
[싱]	[생]	[성]
(찬송가를) 부른다	(찬송가를) 불렀다	(찬송가를) 불러왔다

sink

[siŋk]
(물이) 빠지다, 가라앉다

현재 present	과거 simple past	과거분사 past participle(p.p.)
sink	sank, sunk	sunk, sunken
[싱크]	[생크] [성크]	[성크] [성컨]
(배가) 가라앉는다	(배가) 가라앉았다	(배가) 가라앉아온

*sink는 명사로 쓰일 때는 '**(부엌의) 싱크대, 개수대**'의 뜻을 가지고 있다.

sit
[sit]
~에 앉다, ~을 맡아보다

현재 present	과거 simple past	과거분사 past participle(p.p.)
sit	sat	sat
[싯]	[샛]	[샛]
(책상에) 앉는다	(책상에) 앉았다	(책상에) 앉아왔다

*sit - sat - sat은 자동사로 '앉다'라는 뜻이고,
 seat - seated - seated는 타동사로 '앉히다'라는 뜻이다.

sleep
[sliːp]
잠을 자다, 수면을 취하다

현재 present	과거 simple past	과거분사 past participle(p.p.)
sleep	**slept**	**slept**
[슬립]	[슬렙트]	[슬렙트]
(호텔에서) 잠을 잔다	(호텔에서) 잠을 잤다	(호텔에서) 잠을 잔 적이 있다

slide
[slaid]
미끄러지다, 슬며시 넣다

현재 present	과거 simple past	과거분사 past participle(p.p.)
slide	**slid**	**slid, slidden**
[슬라이드]	[슬리드]	[슬리드] [슬리든]
(비탈길에서) 미끄러진다	(비탈길에서) 미끄러졌다	(비탈길에서) 미끄러진 적이 있다

*slidden의 발음이 [슬라이든]이 아님에 유의할 것

smell
[smel]
냄새가 나다, 냄새를 맡다

현재 present	과거 simple past	과거분사 past participle(p.p.)
smell	smelt, smelled	smelt, smelled
[스멜]	[스멜트] [스멜드]	[스멜트] [스멜드]
냄새를 맡는다	냄새를 맡았다	냄새를 맡아왔다

SOW
[sou]
씨를 뿌리다, 파종하다

현재 present	과거 simple past	과거분사 past participle(p.p.)
sow	sowed	sown, sowed
[소우]	[소우드]	[소운] [소우드]
씨를 뿌린다	씨를 뿌렸다	씨를 뿌려왔다

speak
[spiːk]
말하다, 연설하다

현재 present	과거 simple past	과거분사 past participle(p.p.)
speak	**spoke**	**spoken**
[스피크]	[스포우크]	[스포우컨]
(대중 앞에서) 연설한다	(대중 앞에서) 연설했다	(대중 앞에서) 연설해 왔다

*spoke의 발음이 [스포크]가 아님에 유의할 것

Example Sentence

현재(present)

He **speaks** English like a American.
그는 미국인처럼 영어로 말한다.

·3인칭 단수 현재이므로 speak 뒤에 s를 붙인다.

과거(simple past)

He **spoke** English like a American.
그는 미국인처럼 영어로 말했다.

과거분사(past participle)

He **has spoken** English like a American.
그는 미국인처럼 영어로 말해왔다. → 계속

·3인칭일 때는 have대신 has를 사용해야 한다.

English **is spoken** by over 200 million people.
영어는 2억 명 이상이 사용한다.
(영어는 2억 명 이상의 사람들에 의해 말하여진다. → 수동태)

·million [miljən, 밀리언] : 백만(100만)
·be 동사를 쓰게 되면, **수동태**가 된다.

speed
[spiːd]
빨리 가다, 속도가 나다

현재 present	과거 simple past	과거분사 past participle(p.p.)
speed	**sped, speeded**	**sped, speeded**
[스피드]	[스페드] [스피디드]	[스페드] [스피디드]
속도를 높인다	속도를 높였다	속도를 높여왔다

*'빨리 가다, 빠르게 실어주다'의 뜻일 때는 과거, 과거분사로 sped가 쓰인다.

spell
[spel]
철자를 쓰다, 글자를 적다

현재 present	과거 simple past	과거분사 past participle(p.p.)
spell	spelt, spelled	spelt, spelled
[스펠]	[스펠트] [스펠드]	[스펠트] [스펠드]
(단어의) 철자를 쓴다	(단어의) 철자를 썼다	(단어의) 철자를 써왔다

*spell은 명사로 쓰였을 때 '한 동안의 활동, 주문, 마법, 매력, 마력'이라는 전혀 다른 뜻으로 쓰인다.

spend
[spend]
(돈을) 쓰다, 소비하다

현재 present	과거 simple past	과거분사 past participle(p.p.)
spend	**spent**	**spent**
[스펜드]	[스펜트]	[스펜트]
(에너지를) 소비한다	(에너지를) 소비했다	(에너지를) 소비해 왔다

*spend는 명사로는 '비용, 경비'라는 뜻을 가지고 있다.

Example Sentence

현재(present)

I **spend** a lot of money to buy a car.
나는 차를 사는데 많은 돈을 쓴다.

과거(simple past)

I **spent** a lot of money traveling around the world.
나는 세계 여행을 하면서 많은 돈을 썼다.

과거분사(past participle)

I **have spent** 8 months on the project.
나는 그 계획(사업)에 8달을 투자해 왔다. → 계속

Most of my life **was spent** on the project.
내 인생의 대부분을 그 프로젝트로 보냈다.
(내 삶의 대부분을 그 프로젝트에 썼다.) → 수동태

spin
[spin]
(빙빙) 돌다, 회전하다

현재 present	과거 simple past	과거분사 past participle(p.p.)
spin	**spun**	**spun**
[스핀]	[스펀]	[스펀]
(지구가) 선회한다	(지구가) 선회했다	(지구가) 선회해 왔다

spill
[spil]
흘리다, 엎지르다

현재 present	과거 simple past	과거분사 past participle(p.p.)
spill	**spilt, spilled**	**spilt, spilled**
[스필]	[스필트] [스필드]	[스필트] [스필드]
(우유를) 엎지른다	(우유를) 엎질렀다	(우유를) 엎지른 적이 있다

S

spit
[spit]
(침을) 뱉다, (욕설을) 내뱉다

현재 present	과거 simple past	과거분사 past participle(p.p.)
spit	**spat**	**spat**
[스핏]	[스팻]	[스팻]
(음식물을) 토한다	(음식물을) 토했다	(음식물을) 토한 적이 있다

split
[split]
쪼개다, 분열시키다

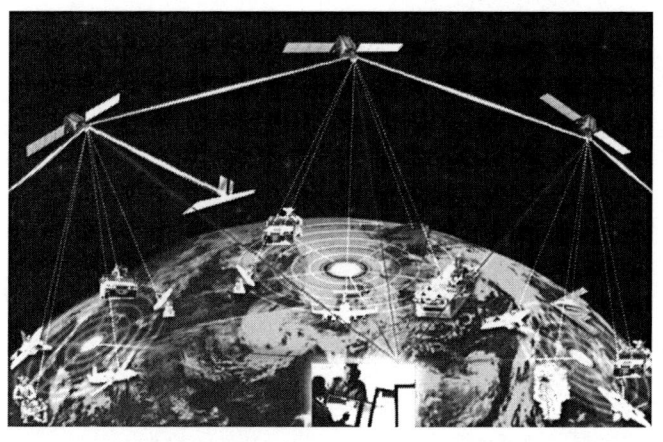

현재 present	과거 simple past	과거분사 past participle(p.p.)
split	split	split
[스플릿]	[스플릿]	[스플릿]
(의견이) 갈린다	(의견이) 갈렸다	(의견이) 갈린 적이 있다

spoil
[spɔil]
망치다, 버려놓다

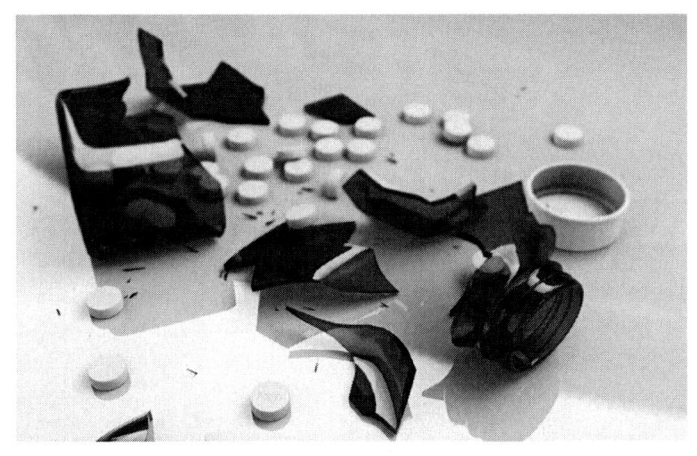

현재 present	과거 simple past	과거분사 past participle(p.p.)
spoil	**spoilt, spoiled**	**spoilt, spoiled**
[스포일]	[스포일트] [스포일드]	[스포일트] [스포일드]
버릇없이 키운다	버릇없이 키웠다	버릇없이 키워왔다

*spoil은 '버릇없이 키우다, (음식물이) 상하다'의 뜻도 가지고 있다.

spread
[spred]
퍼지다, 펼치다

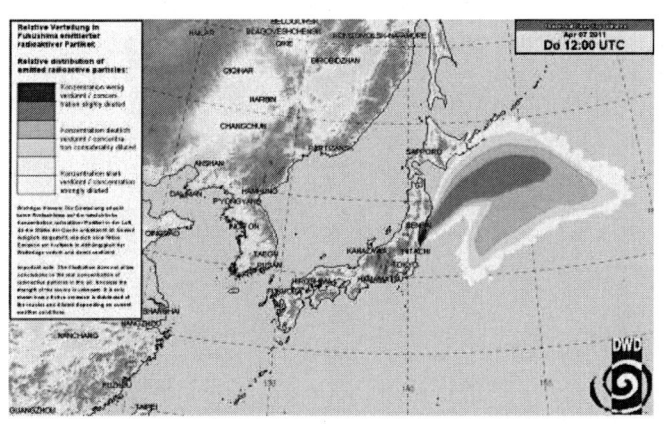

현재 present	과거 simple past	과거분사 past participle(p.p.)
spread	**spread**	**spread**
[스프레드]	[스프레드]	[스프레드]
(방사능이) 확산된다	(방사능이) 확산되었다	(방사능이) 확산되어 왔다

spring
[sprɪŋ]
튀다, 뛰어오르다

현재 present	과거 simple past	과거분사 past participle(p.p.)
spring	**sprang**	**sprung**
[스프링]	[스프랭]	[스프렁]
(뚜껑이) 튀어오른다	(뚜껑이) 튀어올랐다	(뚜껑이) 튀어오른 적이 있다

Example Sentence

현재(present)

Everyone **spring** to their feet.
모두 벌떡 일어선다.

· feet [fíːt, 피트] foot(발)의 복수

과거(simple past)

Everyone **sprang** to their feet.
모두 벌떡 일어섰다.

과거분사(past participle)

Everyone **have sprung** to their feet.
모두 벌떡 일어선 적이 있다. → 경험

stand
[stænd]
서있다, 세우다

현재 present	과거 simple past	과거분사 past participle(p.p.)
stand	**stood**	**stood**
[스탠드]	[스투드]	[스투드]
(사다리를) 세운다	(사다리를) 세웠다	(사다리를) 세운 적이 있다

steal
[stiːl]
훔치다, 몰래 가지다

현재 present	과거 simple past	과거분사 past participle(p.p.)
steal	**stole**	**stolen**
[스틸]	[스토울]	[스토울런]
(보석을) 훔친다	(보석을) 훔쳤다	(보석을) 훔쳐왔다

*stole과 stolen의 발음에 유의할 것

Example Sentence

현재(present)

He tried to **steal** jewels.
그는 보석을 훔치려고 했었다(시도했다).

· jewel [dʒuːəl, 주얼] : 보석

과거(simple past)

He **stole** jewels and army uniforms.
그는 보석과 군복을 훔쳤다.

· army [ɑːrmi, 아미] : 군대
· uniform [juːnifɔːrm, 유니포옴, 유너포옴] : 제복

과거분사(past participle)

He **has stolen** jewels and army uniforms since last May
그는 작년 5월부터 보석과 군복을 훔쳐왔다. → 계속

My car **was stolen** on Christmas Eve.
내 자동차는 크리스마스 이브에 도난당했다(도난당해졌다). → 수동태

· be 동사를 앞에 쓰면 **현재 완료**가 아닌 **수동태(당하는 입장)**가 된다.

stick
[stik]
붙이다, 찌르다

현재 present	과거 simple past	과거분사 past participle(p.p.)
stick	**stuck**	**stuck**
[스틱]	[스턱]	[스턱]
(바늘로) 찌른다	(바늘로) 찔렀다	(바늘로) 찔러왔다

*stick의 과거, 과거분사로는 sticked(스틱드)도 있지만, stuck에 비해서는 잘 쓰이지 않는다.

sting
[stɪŋ]
(곤충이) 쏘다, ~로 찌르다

현재 present	과거 simple past	과거분사 past participle(p.p.)
sting	stung	stung
[스팅]	[스텅]	[스텅]
(꿀벌이) 쏜다	(꿀벌이) 쏘았다	(꿀벌이) 쏜 적이 있다

*sting는 명사(名詞)로 쓰일 때는
'침(가시), 쏘인 상처, (경찰의) 함정수사, 교묘한 사기'의 뜻이 있다.

stride
[straid]
성큼성큼 걷다, 큰 걸음으로 걷다

현재 present	과거 simple past	과거분사 past participle(p.p.)
stride	strode	stridden
[스트라이드]	[스트로우드]	[스트리든]
큰 걸음으로 걷는다	큰 걸음으로 걸었다	큰 걸음으로 걸어왔다

*strode의 발음이 [스트로드]가 아님에 유의할 것

strike
[straik]
때리다, 부딪치다

현재 present	과거 simple past	과거분사 past participle(p.p.)
strike	**struck**	**struck, stricken**
[스트라익]	[스트럭]	[스트럭] [스트리컨]
(머리를) 부딪친다	(머리를) 부딪쳤다	(머리를) 부딪친 적이 있다

*strike의 과거분사는 striken이 아니고, stricken임에 유의할 것

strive
[straiv]
애쓰다, 분투하다

현재 present	과거 simple past	과거분사 past participle(p.p.)
strive	**strove**	**striven**
[스트라이브]	[스트로우브]	[스트리번]
(독립을 위해) 노력한다	(독립을 위해) 노력했다	(독립을 위해) 노력해 왔다

*strove의 발음이 [스트로브]가 아님에 유의할 것

swear
[swɛər]
맹세하다, 선서하다

현재 present	과거 simple past	과거분사 past participle(p.p.)
swear	swore	sworn
[스웨어]	[스워]	[스원]
(복수를) 맹세한다	(복수를) 맹세했다	(복수를) 맹세해 왔다

*swore와 sworn의 발음에 유의할 것

Example Sentence

현재(present)

I **swear** (that) I'll never leave you.
나는 결코 당신을 떠나지 않을 것을 맹세한다.

과거(simple past)

I **swore** (that) I'll never leave you.
나는 결코 당신을 떠나지 않을 것을 맹세했다.

과거분사(past participle)

I **have sworn** (that) I'll never leave you.
나는 결코 당신을 떠나지 않을 것을 맹세해 왔다. → 계속

He **was sworn** in as the President for a five-year term.
그는 5년 임기의 대통령으로서 취임 선서를 했다. → 수동태

- be 동사를 앞에 쓰면 **현재 완료**가 아닌 **수동태(당하는 입장)**가 된다.
- President [prézidənt, 프레지던트] 대통령, 총재, 회장
- term [təːrm, 터엄] 임기, 학기, 회기

sweep
[swiːp]
쓸다, 청소하다

현재 present	과거 simple past	과거분사 past participle(p.p.)
sweep	**swept**	**swept**
[스위프]	[스웹트]	[스웹트]
(빗자루로) 쓴다	(빗자루로) 쓸었다	(빗자루로) 쓸어왔다

swell

[swel]

부어오르다, 팽창하다

현재 present	과거 simple past	과거분사 past participle(p.p.)
swell	**swelled**	**swelled, swollen**
[스웰]	[스웰드]	[스웰드] [스월런]
(수익이) 증가된다	(수익이) 증가되었다	(수익이) 증가되어 왔다

*swollen의 발음에 특히 유의할 것

swim
[swim]
수영하다, 헤엄치다

현재 present	과거 simple past	과거분사 past participle(p.p.)
swim	swam	swum
[스윔]	[스웸]	[스웜]
(소년들이) 헤엄친다	(소년들이) 헤엄쳤다	(소년들이) 헤엄쳐 왔다

swing
[swiŋ]
흔들리다, 휘두르다

현재 present	과거 simple past	과거분사 past participle(p.p.)
swing	swang, swung	swung
[스윙]	[스웽] [스웡]	[스웡]
(야구 방망이를) 휘두른다	(야구 방망이를) 휘둘렀다	(야구 방망이를) 휘둘러 왔다

*swang과 swung의 발음에 유의할 것

쉬어가는 페이지

동명사와 현재분사의 구별

1. 현재분사

해석을 했을 때 '진행의 의미'를 가지고 있을 때이다.

sleeping baby (자고 있는 아기, 자고 있는 중인 아기)
singing birds (노래하는 새들, 노래하고 있는 중인 새들)

현재분사는 문장이 진행형인 경우에, 또는 뒤에 나오는 명사를 수식하면서 진행의 의미를 가질 때이다. 물론 be 동사를 조동사로 사용하는 건 기본이다.

분사라는 건 현재분사, 과거분사가 있어서 현재분사는 be 동사와 함께 '진행형 서술부'를 이루고, 과거분사는 be 동사와는 '수동태', have 동사와는 '완료형'을 만든다.

2. 동명사

동명사의 특징은 동사를 문장 내에서 바로 쓸 수 없는 경우, 명사의 형태로 바꿔주는 것이다. 그래서 문장 내에서 주어/목적어/보어(서술어)로 쓰였으면, 무조건 동명사이다.

Seeing is believing. (보는 것은 믿는 것이다.)

여기서 seeing은 주어, believing은 보어(서술어)로 둘 다 동명사이다.
또 하나 전치사 뒤에 ~ing가 오면, 무조건 동명사이다. 이유는 전치사 뒤에는 목적어만 올 수 있으므로, 목적어로 쓰인 동명사인 것이다.

She is interested in studying English.
(그녀는 영어를 공부하는 것에 흥미를 가지고 있다.)

여기에서 in 다음에 나오는 studying은 동명사이다.

sleeping car (잠자기 위한 차 = 침대차)
dressing room (옷 갈아입는 방)

'~을 위한' 또는 '~의' 목적의 의미를 가질 때는 동명사이다.

3. 차이점

보어로 쓰인 동명사와 현재 진행형에서의 -ing(현재분사)는 다르다.

My work is washing cars. → 내 직업은 차를 닦는 일(세차)이다.
(my work = washing cars) 동명사

He is washing cars. → 그는 차를 닦고 있는 중(세차 중)이다.
(He ≠ washing cars) 현재분사

take
[teik]

~로 가지고 가다, ~를 데리고 가다

현재 present	과거 simple past	과거분사 past participle(p.p.)
take	took	taken
[테이크]	[툭]	[테이컨]
(선물을) 가지고 간다	(선물을) 가지고 갔다	(선물을) 가지고 간 적이 있다

Example Sentence

현재(present)

A boy **takes** us to our room.
한 소년이 우리를 우리 방으로 안내한다.

· 3인칭 단수 현재이므로 take 뒤에 s를 붙인다.

과거(simple past)

A boy **took** us to our room.
한 소년이 우리를 우리 방으로 안내했다.

과거분사(past participle)

A boy **has taken** us to our room.
한 소년이 우리를 우리 방으로 안내한 적이 있다. → 경험

This photo **was taken** when I started talking.
이 사진은 내가 말을 하기 시작했을 때 찍혔다. → 수동태

· be 동사를 앞에 쓰면 **현재 완료**가 아닌 **수동태(당하는 입장)**가 된다.

teach
[tiːtʃ]
가르치다, 교육하다

현재 present	과거 simple past	과거분사 past participle(p.p.)
teach	taught	taught
[티취]	[토트]	[토트]
(학생들을) 가르친다	(학생들을) 가르쳤다	(학생들을) 가르쳐 왔다

*taught의 발음이 [토우트]가 아님에 유의할 것

tear
[tɛəːr]
찢다, 잡아뜯다

현재 present	과거 simple past	과거분사 past participle(p.p.)
tear	tore	torn
[테어]	[토어]	[토온]
(소포를) 뜯는다	(소포를) 뜯었다	(소포를) 뜯은 적이 있다

*tear [tiəːr, 티어]는 '눈물, 눈물을 흘리다'로 tear [tɛəːr, 테어]와는 뜻이 완전히 다르다.

tell
[tel]
말하다, 알리다

현재 present	과거 simple past	과거분사 past participle(p.p.)
tell	told	told
[텔]	[토울드]	[토울드]
(국민에게) 알린다	(국민에게) 알렸다	(국민에게) 알려왔다

*told의 발음이 [톨드]가 아님에 유의할 것

think
[θiŋk]
~라고 생각하다, ~를 예상하다

현재 present	과거 simple past	과거분사 past participle(p.p.)
think	thought	thought
[띵크]	[또트]	[또트]
(어머니를) 생각한다	(어머니를) 생각했다	(어머니를) 생각해 왔다

*thought의 발음이 [또우트]가 아님에 유의할 것

throw

[θrou]
던지다, 내몰다

현재 present	과거 simple past	과거분사 past participle(p.p.)
throw	threw	thrown
[뜨로우]	[뜨루]	[뜨로운]
(야구공을) 던진다	(야구공을) 던졌다	(야구공을) 던져왔다

*threw의 발음에 유의할 것

thrust

[θrʌst]

밀다, 찌르다

현재 present	과거 simple past	과거분사 past participle(p.p.)
thrust	thrust	thrust
[뜨러스트]	[뜨러스트]	[뜨러스트]
(화를 내며) 밀친다	(화를 내며) 밀쳤다	(화를 내며) 밀친 적이 있다

쉬어가는 페이지

was와 is가 수동태에 쓰일 때

Q: 전 영어를 독학하는데 수동태 is와 was는 어떨 때에 쓰는 것이 달라지나요?

A: 오늘을 기점으로 합시다.
지금 유리창이 깨지면,
The window **is broken**. (지금 깨진 것)

어제 깨졌다고 합시다.
The window **was broken**. (어제 깨진 것)

내친 김에 현재완료 수동태도 해볼까요?
'자동차가 어제부터 고쳐지고 있다'고 합시다.
The car **has been** fixed since yesterday.
(어제부터 계속 고쳐지고 있는 것으로, 지금 다 고쳐짐)

was, is 문제가 아닙니다. 체계적인 수일치, 시점은 영어의 첫 단추이니 열심히 하시기 바랍니다.

undergo
[ʌ̀ndərgóu]
(검열/수술을) 받다, (변화를) 겪다

현재 present	과거 simple past	과거분사 past participle(p.p.)
undergo	**underwent**	**undergone**
[언더고우]	[언더웬트]	[언더고온]
(수술을) 받는다	(수술을) 받았다	(수술을) 받아왔다

understand
[ˌʌndərstænd]
이해하다, 알아듣다

현재 present	과거 simple past	과거분사 past participle(p.p.)
understand	**understood**	**understood**
[언더스탠드]	[언더스투드]	[언더스투드]
(내용을) 이해한다	(내용을) 이해했다	(내용을) 이해해 왔다

U

undertake
[ʌ̀ndərtéik]
~을 떠맡다, ~을 착수하다

현재 present	과거 simple past	과거분사 past participle(p.p.)
undertake	**undertook**	**undertaken**
[언더테이크]	[언더툭]	[언더테이컨]
(프로젝트에) 착수한다	(프로젝트에) 착수했다	(프로젝트에) 착수해 왔다

*undertake는 '약속하다, 동의하다'라는 뜻도 가지고 있다.

upset
[ʌpsét]
속상하게 만들다, 잘못되게 만들다

현재 present	과거 simple past	과거분사 past participle(p.p.)
upset	upset	upset
[업셋]	[업셋]	[업셋]
속상하게 만든다	속상하게 만들었다	속상하게 만들어 왔다

쉬어가는 페이지

수동태 is p.p / was p.p

질문 1.
Our project is ruined. (우리 프로젝트는 망쳤다.)

밑줄 친 부분에 was ruined는 왜 안 돼죠?
'망쳤다'니까 was를 써야할 것 같은데…….

답변 1.
과거문장으로 쓰면, 지금은 문제가 해결된 거거든요.
근데 **현재 시점에서 봤을 때, 여전히 망쳐진 상태**에요.
그래서 is가 쓰였다고 생각하구요.

답변 2.
1번 문장에서 말하고 싶은 게
프로젝트가 망쳤다는 사실을 말하고 싶으면,
굳이 과거형으로 쓸 필요가 없죠.
과거의 어떤 시점에 프로젝트를 망쳤다는 걸 강조하고 싶다면,
과거형으로 쓰시고요, 현재완료형으로 써도 되겠네요.

질문 2.

He made the cakes.

이 문장을 'The cakes is made by him.'으로 바꾸면 **틀린 수동태 문장**인가요?

답변 1.

2번째 문장처럼 쓸 수 있어요.
그렇지만 **이미 다 만들어진 것이면,**
was made by him이 맞겠죠?

답변 2.

2번도 '케이크를 만들었다' 과거로 썼으니,
is 대신 was만 쓴다면 맞는 문장이 되겠습니다.

wake
[weik]
깨어나다, 일어나다

현재 present	과거 simple past	과거분사 past participle(p.p.)
wake	**woke**	**woken**
[웨이크]	[워우크]	[워큰]
(총소리에) 잠을 깬다	(총소리에) 잠을 깼다	(총소리에) 잠을 깨왔다

*woken의 발음이 [워우큰]보다는 [워큰]에 가까움

waken
[wéikən]
(잠에서) 깨우다, (기억을) 일깨우다

현재 present	과거 simple past	과거분사 past participle(p.p.)
waken	wakened	wakened
[웨이컨]	[웨이컨드]	[웨이컨드]
(기억을) 일깨운다	(기억을) 일깨웠다	(기억을) 일깨워 왔다

wear
[wear]
(옷을) 입다, 착용하다

현재 present	과거 simple past	과거분사 past participle(p.p.)
wear	wore	worn
[웨어]	[워]	[원]
(외투를) 입는다	(외투를) 입었다	(외투를) 입어온, 입어왔다

*wore와 worn의 발음에 유의할 것

Example Sentence

현재(present)

She **wears** contact lenses always.
그녀는 항상 콘택트 렌즈를 착용한다.

- 3인칭 단수 현재이므로 wear 뒤에 s를 붙인다.
- contact [kɑːntækt, 칸택트] 접촉, 연락, 접합, 연줄

과거(simple past)

She **wore** contact lenses yesterday.
그녀는 어제 콘택트 렌즈를 착용했다.

과거분사(past participle)

She **has worn** contact lenses every day.
그녀는 매일 콘택트 렌즈를 착용해왔다. → 계속

Black masks **were worn** at the funeral.
그 장례식에서는 검은색 마스크를 썼다.
(검은색 마스크는 그 장례식에서 쓰였다.) → 수동태

- be 동사를 앞에 쓰면 **현재 완료**가 아닌 **수동태(당하는 입장)**가 된다.
- funeral [fjúːnərəl, 퓨너럴] 장례식, 장례, 장례 행렬

weave
[wiːv]
(천을) 짜다, (이야기를) 꾸미다

현재 present	과거 simple past	과거분사 past participle(p.p.)
weave	wove	woven
[위브]	[워브]	[워븐]
직물을 짠다	직물을 짰다	직물을 짜왔다

*wove와 woven의 발음에 유의할 것

Example Sentence

현재(present)

She **weaves** fishing nets every day.
그녀는 매일 어망을 짠다.

- 3인칭 단수 현재이므로 weave 뒤에 s를 붙인다.
- fishing net : 고기잡이 그물, 어망(漁網)

과거(simple past)

She **wove** fishing nets every day.
그녀는 매일 어망을 짰다.

과거분사(past participle)

She **has woven** fishing nets every day.
그녀는 매일 어망을 짜왔다. → 계속

This story **is woven** from three plots
그 이야기는 세 개의 줄거리로 꾸며져 있다. → 수동태

- plot [plɑːt, 플라트] 구성, 플롯, 줄거리

weep
[wiːp]
울다

현재 present	과거 simple past	과거분사 past participle(p.p.)
weep	wept	wept
[윕]	[웹트]	[웹트]
눈물을 흘린다	눈물을 흘렸다	눈물을 흘려왔다

will
[wil]
~할 작정이다, ~일 것이다

현재 present	과거 simple past	과거분사 past participle(p.p.)
will	**would**	–
[윌]	[우드]	–
(숙제를) 할 것이다	(숙제를) 했을 것이다	–

win
[win]
이기다, 쟁취하다

현재 present	과거 simple past	과거분사 past participle(p.p.)
win	**won**	**won**
[윈]	[원]	[원]
(게임을) 이긴다	(게임을) 이겼다	(게임을) 이겨왔다

wind

[wind]
바람이 불다, 숨이 차다

현재 present	과거 simple past	과거분사 past participle(p.p.)
wind	winded	winded
[윈드]	[윈디드]	[윈디드]
숨이 차다	숨이 찼다	숨이 차온, 숨이 차왔다

W

wind
[waind]
(태엽을) 감다, 구불구불하다

현재 present	과거 simple past	과거분사 past participle(p.p.)
wind	**wound**	**wound**
[와인드]	[와운드]	[와운드]
(태엽을) 감는다	(태엽을) 감았다	(태엽을) 감아온, (태엽을) 감아왔다

*wind와 wound의 발음에 유의할 것

withdraw
[wiðdrɔ́ː]
철수하다, 인출하다

현재 present	과거 simple past	과거분사 past participle(p.p.)
withdraw	withdrew	withdrawn
[위뜨드로]	[위뜨드루]	[위뜨드론]
(군대를) 철수시킨다	(군대를) 철수시켰다	(군대를) 철수시켜 왔다

Example Sentence

현재(present)

The newspaper **withdraws** the allegations today.
그 신문은 오늘 그 주장들을 철회한다.

· 3인칭 단수 현재이므로 withdraw 뒤에 s를 붙인다.
· allegation [æ̀ligéiʃən, 앨리게이션] : 혐의(嫌疑), 주장

과거(simple past)

The newspaper **withdrew** the allegations the next day.
그 신문은 그 다음날 그 주장들을 철회했다.

과거분사(past participle)

The newspaper **has withdrawn** the allegations at TV news.
그 신문은 TV 뉴스에서 그 주장들을 철회한 적이 있다. → 경험

The troops **were** being **withdrawn**.
그 부대는 철수하고 있었다. → 수동태

· troop [tru:p, 트룹] : 군대, 병력, 무리

wound
[wuːnd]
부상을 입다

현재 present	과거 simple past	과거분사 past participle(p.p.)
wound	**wounded**	**wounded**
[운드]	[운디드]	[운디드]
부상을 입는다	부상을 입었다	부상을 입어왔다

wring
[riŋ]
비틀다

현재 present	과거 simple past	과거분사 past participle(p.p.)
wring	**wrung**	**wrung**
[링]	[렁]	[렁]
(닭의 목을) 비튼다	(닭의 목을) 비틀었다	(닭의 목을) 비틀어 왔다

write
[rait]
(글을) 쓰다, 작성하다

현재 present	과거 simple past	과거분사 past participle(p.p.)
write	wrote	written
[라이트]	[로트, 로우트]	[리튼]
(글자를) 쓴다	(글자를) 썼다	(글자를) 써왔다

*writing(현재분사)은 '쓰고 있는 중이다'의 뜻이고, writing(동명사)은 '글쓰기, 집필활동'의 뜻이다.

Example Sentence

현재(present)

The teacher **writes** the answers on the board.
선생님이 칠판에 정답(들)을 쓴다.

· 3인칭 단수 현재이므로 write 뒤에 s를 붙인다.

과거(simple past)

The teacher **wrote** the answers on the board.
선생님이 칠판에 정답(들)을 썼다.

과거분사(past participle)

The teacher **has written** the answers on the board since last year.
작년부터 선생님이 칠판에 정답(들)을 써왔다. → 계속

The book **is written** for computer engineers.
그 책은 컴퓨터 공학자를 위해 쓰였다. → 수동태

· be 동사를 앞에 쓰면 **현재 완료**가 아닌 **수동태(당하는 입장)**가 된다.

쉬어가는 페이지

한국어의 규칙 동사(형용사)와 불규칙 동사(형용사)

구분	규칙 동사(형용사)	불규칙 동사(형용사)
ㄷ 불규칙	산에도 묻고, 들에도 묻었다.	형에게도 묻고, 동생에게도 물었다.
ㄷ 불규칙	집도 좁고, 방도 좁아서	김치도 맵고, 고추장도 매워서
ㄷ 불규칙	손도 씻고, 발도 씻었다.	몸도 낫고, 마음도 나았다.

　규칙적인 동사나 형용사는 받침에 아무런 변화가 없는데, 불규칙적인 동사나 형용사는 받침에 변화가 있다.

　한국어의 규칙/불규칙 낱말의 구별은 기준이 없다. 영어의 불규칙 동사를 외우듯이 개별적으로 익혀야 한다. 다만, 표기법에서 불규칙 동사의 자음교체를 반영하고 있기 때문에, 발음은 철자법대로 하면 된다.

규칙이 아닌 불규칙으로 활용이 될 때는 '아, 어, 어서, 았, 었, 으니'처럼 모음으로 시작하는 어미가 올 때이다. 즉, 불규칙 활용하는 낱말이라도 어미가 '고, 게, 지'처럼 자음으로 시작하는 어미가 올 때는 받침의 변화가 없다.

'추운(춥+은), 더워서(덥+어서), 매워라(맵+어라), 도와(돕+아)'에 나타나는 '우, 오'는 받침의 'ㅂ'이 모음 앞에서 변한 것이다.

에필로그

본인이 만든
'마스터 영어/한자 사이트(http://blog.daum.net/cinemart)'이다.
왼쪽의 카테고리에서
'불규칙 동사 자료 1'과 '불규칙 동사 자료 2'를 클릭하면
불규칙 동사의 음성자료를 다운받아 들을 수 있다.
(mp3 파일과 wma 파일로 구성되어 있다.)

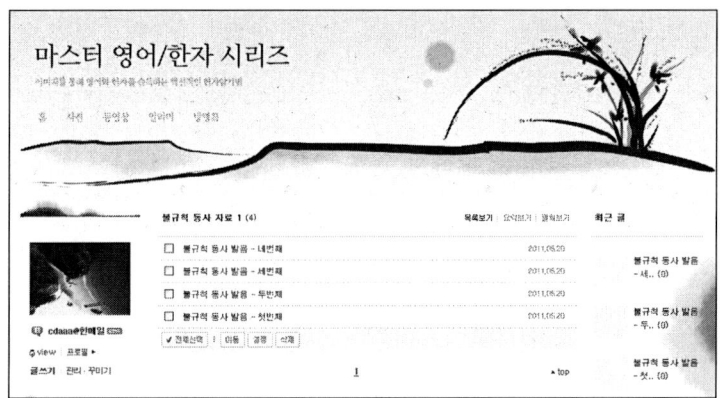